リーダーの本義

True Meaning of Leadership

門田隆将 著

Ryusho Kadota

日経BP社

はじめに　本義とは

どんな人にも「本義」がある――。

私は、そう考えています。本義などというと、なんだか、いかめしく、むつかしい「言葉」のようですが、どうということはありません。

一家の大黒柱である「お父さん」、そして、たとえば主婦である「お母さん」にも、立派な「本義」があります。

子供をしっかりと育てること。栄養のあるものを食べさせて、世の中の常識や道理を教え、教育も人並みに受けさせ、社会で恥ずかしくない人間として「世の中」に送り出していく。一人前の大人になるまで教育し、巣立《すだ》っていかせることは、まちがいなく親としての「本義」であると思います。

つまり、本義とは、少々むつかしく定義するなら、本来持っている「存在意義」、根本《こんぽん》に存在する重要な意義とも言うべきものでしょう。親としての本義を考えれば、それが何であるかは、すぐにわかります。

そして、人間に「本義」があるように、組織にも「本義」があります。

世の中には、さまざまな組織があります。お役所もあれば、大小の企業（法人）もあります。法人でも、営利を目的にするものから、公益を目的にするものまで、多種多様です。また、そういうお堅い組織だけでなく、同じ趣味を持つ者同士のサークルであったり、厳しい鍛錬《たんれん》を目的とする集団であったり、もしくは、商店、町工場、組合、ボランティア団体……等々、要するに、社会は「組織」の集合体なのです。

そして、それらは、その「本義」に忠実なもの、あるいはまったくそうではないものに分かれます。

それぞれの組織には、さまざまなリーダーがいます。組織の「トップ」というリーダー、あるいは中間管理職という「現場」のリーダー、さらには、数人にしか過ぎない小さな班のリーダーもいます。

世の中を見渡してみれば、国を率いるリーダーである「国家の領袖《りょうしゅう》」から始まり、企業のトップ、そして企業の中の小さな部署のリーダー、さらには、子供の世界にも三人寄れば、リーダーが生まれるのです。最小のたった「二人」の集まりだって、どちらかがリーダーになって、片方はそれに従うこともあります。

つまり、世の中は、リーダーと、それに従う構成員によって成り立っているわけです。私は、最近、リーダーについて、講演や原稿を依頼されることが増えています。

それだけ、世のリーダーたちには〝悩み〟が多く、深いのだと思います。

そのとき必ず話をさせてもらうことがあります。

あなたは、自らの「本義」に忠実ですか、と。あなたの所属している組織も、本義に忠実ですか、と。

それぞれの組織や団体によって、あるいは、その規模や状況によって、リーダーの抱えている責任や使命は違います。しかし、どんな立場の人であれ、自分はどう振舞えばいいのか、という漠然とした悩みを抱え、本来あるべき姿のリーダーになりたいと願っている人が大勢いるのです。

そのとき、「本義」という言葉を使わせてもらって、皆さんの存在する意義と価値、そしてそれに忠実であることの重要性を話させてもらうのです。私は、読者や講演の聴衆の方々と言葉を交わすたびに、ますます「本義」の大切さを感じるようになりました。

今回、リーダー論について原稿依頼があったときに、「ついに来た」という思いに私は捉われました。

私自身は、成功した経営者でもなく、また、なにかの組織のリーダーでもありません。一介のジャーナリストであり、ノンフィクション作家です。そんな人間に、「リーダー論」を依頼するということは、その理由は、もとより明らかです。

それは、私が描いてきたリーダーたちや、その生きざまと本質について、実際の事例を挙げながら、具体的に示して欲しい、ということにほかなりません。

私は、「毅然と生きた日本人像」をテーマに、二〇一六年春段階で、文庫もふくめて三十五冊のノンフィクション作品を発表しています。

その中には、地位が高いか低いか、あるいは、率いる部下が多いか少ないかを別にして、たくさんのリーダーがいます。

修羅場で力を発揮して日本を救った人もいれば、小規模な自分の持ち場で、力を尽くし、小さいけれども、大変意義深い成果を挙げた人もいます。

そういう実在の人物から、リーダーのあるべき姿を著わして欲しい、という要求であることは、すぐにわかりました。読者や講演の聴衆との日頃の接触で、自らのあり方に悩む人々の切実な思いを感じていたこともあり、私はその依頼を受けることにしました。それは、本来の日本人とは何か、を問い直すものでもあると思います。

日本人のありようが、時が経つにつれ、変わってきていることを、長い取材生活のうえで感じることが多くなっています。私は、そんな中で毅然と生きた日本人を探し、その人の「人生そのもの」や「闘った出来事」の詳細を描いてきました。

そこには、必ず、感動があり、生きる指針や、勇気があります。取材の過程では、私自身が感動し、心が洗われるような経験を幾度も重ねてきました。

本書では、そんな事例を、事実に「忠実に」皆さんにお伝えしたいと思います。彼らのいきざまを事実のままに読んでいただければ、どのリーダーの「行動」も、ひたすら自らの「本義」に従ったものであることが、おわかりになるはずです。そして彼らがその「行動」をとるにいたった「心理」を、読者の皆さんはわがことのように理解することができると思うのです。

読み終えたときに、それまでの皆さんの悩みが少しでも軽くなっていたり、あるいは、新たな使命に立ち向かう意欲が湧《わ》きあがってくるとしたら、筆者として、これ以上に嬉しいことはありません。

あなたが、「この人にならついていく」と、部下たちに思われるようなリーダーに生まれ変わる「きっかけ」となることができたら、なおさらです。

最後のページまでおつき合いいただければ、と思います。

目次

第一章

福島第一原発「吉田昌郎所長」の場合

目の前に現われた吉田昌郎元所長

「門田さん、あんた、すごいな」

私と福島第一原発の元所長、吉田昌郎さん（当時、五十七歳）との関係は、そんな吉田さんのひと言から始まりました。

二〇一二年七月六日土曜日午後。西新宿にある私の事務所にやって来てくれた吉田さんは、想像していたよりも、はるかにざっくばらんで、ユーモアがあり、同時に辛《しん》辣《らつ》でした。

それは、東日本大震災の大津波によって起こった福島第一原発事故から、およそ一年四か月後のことです。

その間、私は、吉田さんの中学、高校、大学時代の恩師や親友、先輩、職場の同僚、上司、後輩……等々、吉田さんに対して、少しでも影響力を持つと思われる人たちに片っ端から当たっていました。それは、私の吉田さんへの「手紙」とこれまでの「著作」を吉田さんのところに届けてもらうためでした。

福島第一原発事故の真実を知るには、なにより「吉田所長」の証言が第一です。そして、そこで明らかになった現実を突破口にして、部下たちの証言も取り、事故そのものの真相を描きたい。私は、誰も書いていなかった真相に迫るために、吉田さんの「説得」という〝一点突破〟に賭《か》けていました。

なぜ、私はこれほど熱心に吉田さんにアプローチをつづけたのでしょうか。

職業柄、私には、一般の人と違う点がひとつだけあります。

物事を考えるときに、必ず、「その場に身を置いて」考えるのです。

もちろん物理的には、そんなことはできません。しかし、戦争ノンフィクションを書くために取材するときも、事件や事故のノンフィクションを取材するときも、私は必ず、「頭の中で」その場に自分自身の身を置いて、その場にいた人の目線で、その光景を聞き、心情を伺うことにしています。

戦争ノンフィクションでは、零戦も、戦艦大和も、そして、数々の玉砕の戦場のことも描いてきました。

いずれも、奇跡の生還を遂げた元兵士たちに、必ず「その場に身を置いて」証言を聞かせてもらっているのです。

福島第一原発事故を取材し、描くときも同じでした。

あの事故が起こったとき、私は、背筋が凍りつきました。

テレビから「全電源喪失」「注水不能」「線量増加」「原子炉建屋への突入」といった言葉が、次々と出てきたからです。

常に「その場に身を置く」私にとっては、それは恐怖そのものでした。

全電源喪失というのは、いうまでもなく〝真っ暗闇〟を意味します。灯《あか》りは、おそらく「懐中電灯」だけであることは想像がつきます。

「注水不能」と「線量増加」というのは、炉心溶融（メルトダウン）の可能性を表わし、放射能漏れが起こっていることを示しています。懐中電灯が照らす手元の数メートル四方以外、巨大な原発施設内は何も見えない状態でしょう。

そんな中に「人」が居て、さらに原子炉建屋への「突入」がおこなわれている。

私は、たとえ想像であっても、その場に身を置くことに「恐怖」を感じざるを得ませんでした。そして、いったいどんな人たちが、こんな過酷な中で闘うことができているのだろう、と考えました。

どんな家に育ち、どんな教育を受けてきた人たちが、このような闘いに身を投じることができるのだろうか。そして、自分には到底できないだろう、と思ったのです。

同時に、三十年もジャーナリズムの世界にいる私には、マスコミがこの事故をどう報じるか、想像がついていました。

日本の多くのマスコミは、「事故の真実」と「そこで闘った人々の実相」ではなく、原子力バッシングと東電攻撃に終始するだろうことが、わかっていたのです。

日本のマスコミ界では、反原発という強烈な原子力アレルギーを基本とするメディアが主流を占めています。その特徴は、「自らのイデオロギーや主張に固執する」ことです。

おそらく、各メディアは自己の主義、主張に沿った報道に全力を注ぎ、「そこで何がおこなわれ、どんな闘いが展開されたのか」という、現場の真実が国民に知らされることはないだろうことがわかっていました。

一方、私の執筆動機は自分自身の主義、主張の表明ではありません。私のノンフィクションの主なテーマは、「毅然と生きた日本人像」にあるのです。

原発反対と原発推進――そんな主義、主張などとは無関係に、家族への思い、死への恐怖、さまざまなものを克服して、日本の破滅を阻《はば》むべく「突入」を繰り返した人々の真実の姿を、どうしても日本人の歴史として後世に残さなければならないと思っていました。

そのためには、なんとしても吉田所長の生の声に触れなければなりませんでした。

吉田さんへのインタビューは、言うまでもなく、どのメディアにとっても「悲願」

です。それは、東電本店に対してのメディアスクラムとなり、日が経つにつれ、突破不能とも思われる「巨大な壁」となっていきました。

吉田さん自身が食道ガンを発症し、福島第一原発所長を降り、入院してしまってからは、ますます接触が困難となっていきました。

しかし、私にとっては、それは逆に〝チャンス〟となりました。

記者クラブにも属さない一介のノンフィクション作家が、巨大メディアに勝つためには、「吉田さん本人」を「個人として」説得するしか方法はありません。

入院によって、マスコミの接触が不可能になった以上、条件はどのメディアとも「同じ」になりました。

私は、前述のとおり、当初から吉田さんの中学、高校、大学時代の恩師や親友、先輩、職場の同僚、上司、後輩……等々、吉田さんに対して、少しでも影響力を持つと思われる人たちに当たっていました。信頼できる人を通して伝わる心と心のつながり以外に、人の心を動かす突破口は開かないと思っていたからです。

言いかえれば、入院中の病室に「面会謝絶」の札がかかっているときでさえ、それを「突破できる人たち」に、延々と私の思いを伝えつづけていたわけです。

無駄かもしれない、と思いながら、私は、そうやってこの厚い壁に挑んでいました。

吉田さんの心の扉を開けてくれそうな人たちへのアプローチは、それこそ「これでもか」というほど、おこなっていました。

そこに私は、「一点突破」を賭けていたのです。

語り始めた「地獄の風景」

冒頭で、病床の自分へのアプローチの仕方について、吉田さんが「すごいな」と言ってくれたことは記述しました。

吉田さんを私の事務所に連れてきてくれたのは、吉田さんが心を許す親友でした。その親友は、病院から外出許可をもらった吉田さんを、本当に私のもとへ連れてきてくれたのです。

それは私にとって、大きな僥倖《ぎょうこう》というほかありませんでした。

私は、わざわざ足を運んでくれた吉田さんに心からのお礼を伝えた後、歴史に「真実を残すこと」の大切さを熱弁しました。真実を語ることにためらいを抱いている吉田さんを説き伏せなければならないと意気込んでいたのです。

しかし、そんなことは吉田さんには先刻、わかっていました。

「門田さん、俺はなんにも隠すことはないんだ。後世に真実を残して欲しい。なんでも話すから、なんでも聞いてくれ」

吉田さんは、そう前置きして、こうつづけました。

「部下たちがすごかった。俺はなんにもしちゃいない。俺はただのオッサンだよ。部下たちがすごかったんだ」

俺はなんにもしちゃいない。俺はただのオッサンだよ――それは、ユーモアに溢れた吉田さんらしい表現でした。

ところが、自らを飾ることなく、ただその場に起きていた真実を吉田さんが語りはじめると、私の頭の中は、この人物でなければ「日本が救われなかったかもしれない」という思いでいっぱいになりました。もしもそこに彼がいなかったらと思うと、仮定の話でさえ動悸《どうき》がはやくなるほどでした。それほどに、彼と部下たちの事故との闘いは壮烈だったのです。

そして、福島第一原発の現場にとって、その闘いの相手は「事故」だけでなく、「官邸」、そして「東電本店」でもあったことがわかっていきました。

私は吉田さんに対して、初めに最も「素朴な質問」をさせてもらっています。

「吉田さん、あそこで（事故の）拡大を止められなければ、いったいどこまでいったんでしょうか」

そんな私の基本的な問いに、吉田さんは、

「ああ、門田さん、チェルノブイリの十倍ですよ」

そう答えました。

チェルノブイリの十倍？　あの〝地球規模の事故〟だったチェルノブイリ事故の「十倍」という表現に、文科系出身の私は度肝《どぎも》を抜かれました。

しかし、原子力の威力や原発の仕組みについて勉強した人にとっては、これは不思議でもなんでもないことです。

格納容器が爆発し、放射性物質が飛散すれば、もはや、誰も現場に近づけなくなります。そうなれば、原子炉は次々と爆発していく。制御するプラントエンジニアが誰もいないのだから当然です。専門的には「悪魔の連鎖《れんさ》」と呼ばれる現象がこれです。

ここが原子力の怖いところです。

化石燃料なら、たとえば世界最大の石油コンビナートであったとしても、事故が起こって五年や十年燃えていれば、そのうち燃え尽きます。

しかし、原子力はそうはいきません。永遠にエネルギーを出しつづけるのです。便利であると同時に、大変な危険を伴うのが原子力なのです。

地震発生後四十分以上経って襲ってきた大津波。高さ十メートルの通称「十円盤」に建っていた原子炉建屋、タービン建屋、サービス建屋……等々、福島第一原発の重要な原子力施設は、津波に呑み込まれ、全電源喪失と原子炉の冷却不能という最悪の事態に陥っていくのです。

地下に設置されていた非常用ディーゼル発電機、また、ポンプ、燃料タンク、非常用バッテリーなどの設備が壊滅的な「損傷」を受けたり、あるいは「流出」で失われました。そして、原子炉冷却が不可能になり、メルトダウンが発生していくのです。

吉田さんは、免震重要棟二階の「緊急時対策室（緊対室）」に陣取って、刻々と変化する事態に対処していきました。

それぞれの段階でのすさまじい闘いぶりは、この本の趣旨とは異なるので、拙著『死の淵を見た男　吉田昌郎と福島第一原発の五〇〇日』（ＰＨＰ研究所）をお読みいただければ、と思います。

吉田さんから得た証言をもとに、私は、次に彼の部下たちに当時を語ってもらいました。吉田さんに取材できたという事実は、部下たちへのアプローチの「壁」を一挙に取り払ってくれたかのようでした。

ここで私が驚いたのは、事故との闘いの中で、命をかけて原子炉建屋（リアクタービ

ル）に突入を繰り返したプラントエンジニアたちが、
「吉田さんとなら一緒に死ねると思っていた」

と語ったことです。

「吉田さんとなら、一緒に死ねる」

その言葉は、強烈な印象を私に残しました。先に述べたように、私は、多くの戦争ノンフィクションも書いてきています。玉砕の戦場から奇跡的に生還した人々や、零戦や戦艦大和の生き残りからも、証言を数多く得ています。そのなかで、直接の上官と心を交わし合いながら生死を共にした体験をたくさん聞いてきました。

しかし、それらはあくまで「戦争中」のことです。生と死は紙一重、誰もがいつ死ぬかわからないという覚悟をもって生きていた兵士たちの体験談でした。

まさかそれから七十年近くが経過した現代で、「この人となら一緒に死ねる」という言葉を聞くことになるとは、まったく予想もしていなかったのです。

私は自分自身を振り返ってみました。

私は、大学を卒業して新潮社という出版社に就職し、週刊新潮編集部に配属され、記者生活をおくりました。やがて、デスクとなり、多くの部下を使って仕事をしてきました。

通算十八年間のデスク生活で、沢山の部下と一緒に仕事をしましたが、その部下たちが私と一緒なら「死ねる」とまで言ってくれるというのは、あり得ないことです。その上司に「命をかけても」ついていく——というのは、戦争の頃ならともかく、サラリーマン社会では、「あり得ない」ことだと思うのです。

吉田さんとなら一緒に死ねる。部下からそれほどの信頼感を得る吉田さんとは、どういう人物なのだろうか。私は、自分自身のことも振り返りながら、取材を進めました。

東電本店との攻防

吉田さんは大阪の出身ですから、ざっくばらんな人です。しかし、口もまた〝大阪風〟です。

原発事故に対処する吉田さんの罵声《ばせい》が東電のビデオ映像には残っています。

「バカやろう！」

「なにやってんだ！」

「だから、そんな言い方じゃわかんないんだよ！」

……聞くものを震え上がらせるようなド迫力の声がそこからは蘇《よみがえ》ってきます。日本という国家が生き残るか否か。ぎりぎりの場で闘う吉田さんの姿は鬼気迫るものだったと言っていいでしょう。

しかし、厳しい言葉と共に、包容力もまた吉田さんの特徴でした。

吉田さんは、汚染された現場に向かわせた部下たちが、作業を終えて帰って来ると、そのたびに一人一人の手をとって抱きよせ、

「よく帰ってきてくれた！　ありがとう」

そう労をねぎらっています。

「ありがとう、ありがとう！」

命がけの作業であることを一番知っている吉田さんは、部下たちの必死の思いを誰よりも受け止めてくれる上司でした。

吉田さんが部下たちの気持ちをつかんでいた理由は、東電本店に対しても、日頃から歯に衣着せぬ物言いで接していたからでもあります。

よく部下に対しては横柄な態度で接し、上司に対しては米つきバッタよろしく頭をぺこぺこと下げ、必要以上に卑屈《ひくつ》な態度をとる人がいます。相手によって、とる態度が異なる上司というのは、部下たちに最も軽蔑されます。

吉田さんはどうだったでしょうか。

吉田さんは東電首脳と幹部が顔を揃えている本店とのテレビ会議で、一歩も引かず、交渉を続けています。

吉田さんは、身体も大きく、酒も好きで、部下たちと盃を酌《く》み交わす昔タイプのビジネスマンです。そのうえ技術者だけに、理論や理念に忠実で、上司の曖昧《あいまい》さを許さない断乎としたところがあります。

私が取材した部下たちの何人もが、本店に向かって吉田さんが声を荒げて意見を述べる場面を証言してくれました。

それは、事故発生からおよそ十時間が経過して、日付が十二日に変わった頃でした。

「ヨウ素はどうするんだ！　はっきりしてくれっ」

吉田さんのその声は、テレビ会議の画面を通じて、およそ二百五十キロ離れた東京・内幸町の東電本店に居並ぶ幹部たちを驚かせました。

福島第一原発では、のちに判明するようにメルトダウンと思われる事態がすでに生じていました。「線量増加」、すなわち原子炉から放射能が漏れ出す現象がもう起こっていたのです。

このまま線量が上がりつづければ、原子炉建屋に近づくこともできなくなってしまいます。そうなると、原子炉はもはや制御不能です。その前に打てる手はすべて打たなければなりません。一刻一秒を争うのです。

しかも、どのように部下たちの命を守るかは、現場のトップとして最も大切なことです。一塵《いちじん》の余裕もありません。

「こっちでは、四十歳未満には飲ませるけど、それ以外は飲ませないとか言ってるが、それでいいんですか？」

テレビ会議で本店に向かって吉田さんが質問を投げかけ、本店から曖昧な答えしか返ってこなかったとき吉田さんから大声が発せられたのです。

「おい、はっきりしてくれ！」

放射線量が刻一刻と高くなる中、吉田さんは部下たちをその現場に行かせなければなりません。

ヨウ素剤とは、原子力災害が起こった時の放射線障害の予防薬です。この錠剤を飲むことによって放射線障害を予防しながら作業をすることができます。

ところが、その用法は、原子力安全委員会によって、「安定ヨウ素剤の服用は、40歳未満の者を対象とする」と定められています。「40歳以上では、放射線被ばくにより誘発される甲状腺発癌のリスクが認められないことから服用対象者とはしない」とされていたのです。

　これに基づいて、福島第一原発では、

「若い人は一錠飲みなさい。四十歳以上の者は飲まなくてもいい」

という指示がなされていました。しかし、これに吉田さんが疑問を呈したのです。

吉田さんは、危険な現場に向かう人の間で「飲む者」と「飲まない者」との差があるのはおかしいと思ったのでした。

　吉田さんは私にこう語りました。

「三月十一日の夜から放射線量が上がってきて、現場に行く人間にヨウ素剤を飲ませることになりました。なぜ四十歳以上の者は飲まなくていいのか、と私が放射線管理の人間に聞くと、〝本店がそう言っている〟〝安全委員会の指針でもそうなっている〟と言うわけです。ヨウ素剤というのは、副作用として甲状腺異常があとで起こる可能性もありますので、その線引きが〝四十歳になっています〟と言う。

　しかし、私は〝それはねえだろう〟と思ったんです。放射能まみれの現場に人間を出さなきゃならない。同じ作業をする人間が、〝四十歳〟という年齢を境にして、片方は飲み、片方は飲まないなんて、そんなことはおかしいだろう、と思ったわけです」

たしかに四十歳という「線引き」の根拠が希薄な上、それぞれの人間には、〝個体差〟だってあります。三十九歳の作業員はヨウ素剤を飲んで、四十一歳の人間には「飲まないで行け」というのは、おかしな話です。

一律に「年齢」だけで線引きすることはおかしい。吉田さんはそう思ったのです。「みんなが同じように現場に行ってるんですから、私としては、できるだけ同じようにしてあげたいと思いました。本店にしてみれば、私の問い合わせに対して、原子力安全委員会からの返事が来ないうちは、勝手には返答できなかったのでしょう。しかし、曖昧なまま時間が過ぎていくので、私が厳しい口調になったわけです」

いったい現場の人間の命をどう思っているんだ――という怒りが吉田さんにはあります。東電本店とのテレビ会議で、ヨウ素剤のことで激しいやりとりをする吉田さんの姿を部下たちは見ています。

いずれにしても安全が確保された場ではありません。命の危険と隣り合わせであることにかわりないのです。しかしその生死の瀬戸際の闘いに挑む部下たちにとって、吉田さんの姿はかぎりなく頼もしく、そして嬉しく映ったのではないでしょうか。

(吉田さんは俺たちのために本店と渡り合ってくれている)

部下たちにしてもすでに覚悟はできていたかもしれません。それでも家族の顔が浮かび、万一のときの恐怖も拭《ぬぐ》いきれなかったはずです。わずか数時間前までは死の危険にさらされることなど予想もしていなかったのですから。それでも任務をまっとうし、日本を救うための覚悟を決めた彼らにとって、信頼できるリーダーの存在はなによりも心強い支えであったにちがいありません。

ぎりぎりの場面で交わされる上司の言葉や、態度、仕草……それぞれに部下の信頼を勝ち取れるか否かのポイントが隠されているのです。

第二章

なぜ部下たちは涙を流したのか

「海水注入」をめぐる闘い

吉田さんの部下が「この人となら一緒に死ねる」といった理由がわかる場面があります。

有名な海水注入問題のときです。

津波の大襲来による異常事態発生から、およそ三十時間が経った二〇一一年三月十二日午後八時頃のことです。

このとき日本の命をつなぐための海水注入はすでに始まっていました。

原子炉を冷却するための注水が必要になると予測した吉田さんは、地震発生直後の十一日夕方には、陸上自衛隊に消防車の出動を要請していました。この迅速な判断のおかげで、郡山駐屯地と福島駐屯地から計二台の消防車が、この日の朝七時に到着していたのです。

ところが、やって来た計十二名の陸上自衛隊員たちが、福島第一の現場作業員とともにまずおこなったのは、津波による瓦礫《がれき》の撤去でした。原子炉施設や貯水槽までの道がふさがれており、消防車を近づけることができなかったのです。

タイベック（注＝防護服の一種）を着て防護マスクをかぶっての作業の末に道を確保し、東電の消防車と合わせて「三台」をつないだリレーによって、ようやく一号機の注水口へのホースのつなぎ込みに成功しました。

それは、九時頃から断続的に午後三時頃までつづく必死の作業でした。

ところが、午後三時三十六分に一号機は爆発を起こします。

もう所内に真水はありませんが、津波が残していった海水が「逆洗弁ピット」というプールに大量に貯まっていました。

そこで、あらたにここからの給水ルートを確保するために、自衛隊員たちは爆発後の屋外へ出動したのです。放射能被害に加えてさらなる爆発の不安を抱えながらの作業ののちに、ついに、午後七時頃から、海水注入にこぎつけたのです。

全電源喪失によって原子炉冷却の方法が限られていた中、海水注入は、これを成功させなければあとはない、というほどの頼みの綱だったのです。

しかし、そこに東京から驚くべき電話が吉田さんのもとに入ります。

官邸に詰めていた東電の武黒一郎フェローが、官邸の意向として、海水注入の中止命令を告げてきたのです。

それは、不純物の入った海水の注入によって「再臨界」が起こるのではないか、という専門家の指摘が「誤って伝えられた」ことから始まったものでした。

一九六九（昭和四四）年に東大を卒業して東電に入社した武黒さんと、一九七九（昭和五四）年に東京工業大学大学院を卒業して入社した吉田さんとは、社歴が丸十年違います。吉田さんにとっては、武黒さんは大先輩にあたります。

緊急時対策室の吉田さんの前に置いてある電話から、その武黒フェローの聞きなれた声が響いてきました。

「海水注入は、今すぐ止めろ」

えっ？　吉田さんは仰天しました。

「どういうことですか」

「とにかく止めろ」

「なんでですか。入れ始めたのに、止められませんよ」

吉田さんは武黒さんの〝命令〟に反発しました。しかし、次につづいた言葉のお粗末さに、吉田さんは呆れかえってしまいました。

「おまえ、うるせえ。官邸が、グジグジ言ってんだよ！」

原発に責任のある人間の発するものとはとうてい思えぬ命令理由を吐き捨てた武黒さんは、こう続けました。

「今すぐ止めろ！」

その瞬間、吉田さんの口からも激しい言葉が飛び出しました。

「なに言ってんですか！」

すさまじいやりとりでした。まわりの部下たちも茫然として聞いていました。

官邸が、グジグジ言っているから、「今すぐ止めろ！」などという発言が、このぎりぎりの場面でなぜ飛び出すのでしょうか。

日本を守るためには、原子炉を冷却するしかありません。その方法は海水を注入する以外、すでに手段がなくなっています。そのことは、武黒氏も、十分わかっているはずなのです。

その武黒氏が「海水注入をストップしろ」と言ってきました。

救わなければならないのは、「日本」であり、「日本国民」の命です。それが、東京電力が貫かなければならない「本義」であるはずです。

しかし、その東電を代表して官邸に詰めている武黒氏が、日本を救う唯一の方法をやめてしまえ、と命じてきたのです。

しかし、そこで電話はぷつんと切れました。通信事情が極めて悪く、しばしば途絶する不安定な状況でした。

(……)

吉田さんは言葉を失いました。

現場のトップとして、次々と新たな手立てを打たなければならなかった吉田さんは、本店とテレビ会議でやりあい、また、現場に行く部下たちにさまざまな指示を与えています。そんな中で、「官邸が、グジグジ言ってんだよ！」という理由で、海水注入をストップしなければならない事態に追い込まれてしまったのです。

しかし、吉田さんは、驚いてばかりはいられませんでした。いかにばかばかしい命令であれ、それが官邸からの命令であるとするならば、なんらかの対処が必要でした。

武黒氏からのじかの命令を拒否した以上、武黒氏は東電本店に官邸の意向を伝えるでしょう。そうすれば東電本店から正式な命令として、「海水注入ストップ」の要請が来る可能性があるからです。

正式な東電本店からの命令となれば、今度はそれを「拒否」できなくなります。

吉田さんはすぐに立ち上がりました。そして、海水注入担当の班長のもとに歩いていきました。

緊対室のど真ん中には、吉田さんを中心として、五十人ほどの幹部が円卓に座っています。ふだんは「部長」である彼らが、緊急時には、それぞれ「発電班長」「復旧班長」「技術班長」……といった担当を持ち、その「班長」を務めるのです。

緊対室の壁には、テレビ会議用のディスプレイとテレビカメラがあります。海水注入の班長である防災担当の部長は、その壁に背を向けて座っていました。

吉田さんは、歩を進め、カメラに見えないように、うしろからその班長の肩に手をかけてこう言いました。

「本店から海水注入の中止命令がテレビ会議を通じて来るかもしれない。そのときは、本店に聞こえるように海水注入の中止命令を俺がおまえに出す。しかし、これは、あくまでテレビ会議の上だけのことだ。それを聞く必要はないからな。おまえたちは、そのまま海水注入をつづけるんだ。いいな」

吉田さんは、班長にそう言い含めたのです。

「すぐに部下たちにこれを伝えろ。どんなことがあっても、海水注入をつづける。これを徹底するんだ」

日頃から吉田さんの本義にはずれることのない行動を知る班長は、その意図をただちに理解しました。

そして、海水注入班の人間にこれらを伝え、たとえ本店からの情報が耳に入ったとしても一瞬たりとも迷いが生じないよう、命令の徹底をはかりました。

吉田さんはそれを確認すると、もとの自分の席に戻りました。

その直後のことです。

「吉田君、吉田君」

テレビ会議を通じて、本店から吉田さんに呼びかけがありました。

「海水注入をストップしてください」

吉田さんはすぐに応えます。

「はい、わかりました」

そして、担当の班長に伝えました。

「おい、海水注入をストップしてくれ」

「はい」

事前の打ちあわせ通り、海水注入は無事〝続行〟されました。すなわち原子炉の冷却は続けられたのです。

「なんのために闘っているのか」

官邸の命令を無視したこのエピソードは、吉田さんと部下たちの信頼関係の深さがわかるだけでなく、もうひとつ大きな「意味」があると思います。

それは、吉田さんが「なんのために闘っているのか」という〝本質〟を決して見失わないことを示すエピソードだからです。

本書のテーマでもある「本義」をもう一度考えて欲しいと思います。

人間にも、組織にも、「本義がある」と冒頭で書いたように、この過酷な事故に対応するにあたって、東京電力には、その「本義」に忠実である必要がありました。

それは、「命を守る」ということに尽きます。電力を供給すること以上に東電が第一にするべきことは、「命を守る」ことでした。

それは、「国民の命」だけでなく、「国家の命」も意味します。原子力事故に見舞われた東電にとって、国民と国家の「命」を守ることは、なにを置いても遂行しなければならない「本義」でした。

では、東電本店に顔を揃えた幹部たちは、「国民」と、日本という「国」を守るため、すなわち「本義」に対して、果たして忠実だったでしょうか。

私は、「ノー」と答えざるを得ません。

東電本店が出した吉田さんへの命令は、どうみても「本義に忠実だった」とは思えません。それどころか、原子力の知識もなく、まるで思いつきのように命令や指示を繰り出してくる官邸に「忠実」だっただけでした。つまり、「本義」に対してではなく、「官邸」に忠実だったのです。

では、東電本店には、原子力の専門家はいなかったのでしょうか。

そんなことはありません。福島第一の元所長をはじめ、多くの専門家がいました。

では、彼らは、海水注入、すなわち原子炉の冷却の重要性を認識していなかったのでしょうか。

これもまた「ノー」です。

もはや、これしか冷却の方法がないことは、わかっていました。

それでも、官邸から命令されれば、言われるまま忠実に実行してしまうのが、東電本店だったのです。

私は、東電本店は、完全にパニックに陥り、自ら思考することを放棄してひたすら官邸からの「命令」や「指示」に対して忠実になっていたのだと思います。

では、その「官邸」は、どうだったのでしょうか。

危機のときにこそ、国家のリーダーは泰然として、大きな観点からさまざまな指令を出していかなければなりません。しかし、このときの首相である菅直人氏は、国家の領袖として、信じがたい行動に出ました。

津波がもたらした大変な事態に真っ正面から向きあい、気迫と勇気をふりしぼって復旧に全力を挙げているさなかの福島第一原発に、首相自ら乗り込んでいったのです。

三月十二日早朝、首相官邸から飛びたったヘリコプターで、菅首相が福島第一原発の現場に行ったことは、多くの人々を驚かせました。

そして、ヘリコプターから降りるところをテレビカメラに写させ、出迎えた東電幹部を怒鳴り上げています。

このとき経済産業副大臣として現場に赴き、福島第一原発から五キロ離れたところにあるオフサイトセンターで現地対策本部長となっていた池田元久氏は、のちに私にこう語りました。

「とにかく、このときやるべきことは、一国のリーダーが成すべきことは、津波に呑まれた人や瓦礫の下にいる人たちの救助だと思いました。そこに全力を挙げるべきだということです。それからもう一点は、原発事故が起こっている福島に総理が来て、そこで指揮を執れればいいですが、現地は、地上系の連絡手段をはじめ、全部ダウンしちゃってるわけだからね。通信状態は、極めて劣悪であるわけです。そこへ来ても、指揮は執れませんよ。だから原発事故についても官邸にいた方がいいわけです。大局観を持つべきです。物事の軽重について常識的な判断が必要だったと思いますね」

大局に立てば人名救助が最優先であり、もちろん原発事故は重要だが、それならば、余計に官邸にとどまって、全体の指揮を執るべきだと池田さんは思ったのです。

「もし、どうしても来るというなら、一国の総理ですので、安全の確保は最も大事ですから、危険な状態の福島第一原発ではなく、五キロ離れたこのオフサイトセンターに来るべきだと言いましたが、結局、その意見は総理まで届かなかったようです」

災害発生から七十二時間を超える前に、瓦礫の下にいる被災者や津波で流されている人たちを救出すべく、あらゆる手段を尽くさなければならない国家のリーダーが、「原発事故」に関心を奪われ、危険な場所に飛び込んでいったことには、首を傾げざるを得ません。

国家の領袖の使命は、国民の「生命と財産」、そして「領土」を守ることにほかなりません。そのことが理解できていたとしたら、まったく状況もわかっていない危険な原子力事故の現場に「自ら」飛び込むことなどあり得ないことです。

国家のリーダーが「本義を忘れた」典型的な例だったと言えるでしょう。

官邸は、この首相訪問によって現場の人間に手間をとらせただけでなく、その後も、首相自身や細野豪志首相補佐官らが、現場指揮に追われる吉田さんに直接電話を入れて、状況の説明を求めるなど、とても国家の司令塔とは思えない迷惑な行動をくり返しています。

東電の一部門のリーダーと国家のリーダーは、役割も、責任も、まるで違います。

そこを菅さんがわかっていなかったことが、私には残念でなりません。

一種のパニック状態に陥っていたのでしょう。官邸もパニックなら、官邸に振りまわされる東電本店もパニックになっていたのです。

パニックになるというのは、すなわち、「本義を見失う」ということです。

官邸のパニックに共振して、プロフェッショナルとして対処の方法を見失った東電本店も、本当に情けないというほかありません。

しかし、現場のトップである吉田さんと部下たちが、本義に向かってまっしぐらに突き進んでくれたことは、どれだけ日本にとって大きかったか知れません。

多くの原子力専門家がいる東電の中で、吉田さんだけは、原子力に携わる技術者としての本来の「使命」を見失わなかったことになるのではないでしょうか。

官邸から、そして会長、社長が顔を揃えた東電本店とのテレビ会議の命令さえ凌いだ、吉田さんたち現場の人々の機転と信念には、頭が下がります。

国民と国家の命を守るという「本義」に忠実だった福島第一原発の現場の名もないプラントエンジニアや作業員たちと、パニックに陥った官邸や東電本店の幹部たち――

私は、瀬戸際だった「あのとき」のことを思うと、今でも背筋が寒くなります。

真っ先に浮かんだ「一緒に死ぬ男の顔」

私が取材を通じて最も印象深かったのは、一号機が格納容器爆発の危機を脱し、今度は二号機の圧力容器の圧力が上昇し、爆発の危機を迎えた三月十五日未明から朝にかけての場面でした。

それは、日本の有史以来、「最大の危機」の日だったと思います。

爆発によって放射能飛散の事態になれば、戦いは終わります。〝悪魔の連鎖〟によって、東日本壊滅はもう止めようがないのです。

二号機の圧力は上昇を続け、その危機は刻一刻と近づいていました。そのときのことを語る吉田さんの表情が忘れられません。

このとき吉田さんは、「自分と一緒に死んでくれる人間」のことを考えていました。

吉田さんは私にこう語ったのです。

「もうダメだと思いましてね。そりゃ、何人残ってくれるかわかんないですよ。わかんないけど、要するに、何があっても水を入れ続けないといけないからね。その人数は何人ぐらい要るのかな、と。今、ここにいる人間で、そこまで付き合ってくれるのは誰かなということを勘定していたわけです」

一緒に死んでくれる人間を数えていく。それは、壮絶な場面というほかありません。地震と津波に襲われて五日目。睡眠もとれないまま、最前線の指揮官として事態に対処していた吉田さんには、肉体的な限界が来ていました。しかし、それでも吉田さんの気力は、衰えていませんでした。現場で踏ん張る人も同じです。

そのとき、吉田さんは指揮を執っていた免震重要棟二階の緊急時対策室の席からふらりと立ち上がったかと思うと、机に背を向けて床にぺたんと座り込んで頭《こうべ》を垂れ、瞑想を始めたのです。それは、周囲から見ると、座禅を組み、なにか物思いに耽《ふけ》っているような姿でした。

「ただ、ひたすらもう、どうしようっていうことだけが頭を巡っててですね、最後はどういう形で現場の連中と折り合いっちゅうか、プラントとの折り合い、水を入れつづける人間は何人ぐらいにするか、とかですね。誰と誰に頼もうかなとか、そういうことを考えていました。それは誰に〝一緒に死んでもらおうか〟ということになりますわね。こいつも一緒に死んでもらうことになる、こいつも、こいつもって、顔が浮かんできましたね」

吉田さんは、そう話をつづけました。

「水を入れたりするのは、復旧班とか、防災班の仕事になるんですよ。私、福島第一の保修《ほしゅう》では、三十代の初めから働いてますからね。一緒に働いた連中、山ほどいますから、次々顔が浮かんできましたよ。最初に浮かんできたのは曳田《ひきだ》（史郎）という保全部長です。これが復旧班長なんです。曳田は私と、本当に同い年なんですよ。高卒で東電に入った男なんですけどね。昔からいろんなことを一緒にやってきた男です。こいつは一緒に死んでくれるだろうな、と真っ先に思いましたね」

曳田なら一緒に死んでくれる、と思った吉田さんは、次々と「一緒に死んでくれるだろう」と思う部下たちの顔を思い浮かべていきました。

「やっぱり、一緒に若いときからやってきた自分と同じような年嵩《としかさ》の連中の顔が、次々と浮かんできてね。頭の中では、死なしたらかわいそうだ、と一方では思っているんですが、だけど、どうしようもねぇよなと。ここまできたら、水を入れつづけるしかねぇんだから。最後はもう、（生きることを）諦めてもらうしかねぇのかなと、そんなことをずっと頭のなかで考えていました」

取材の中で、吉田さんの口からは、「死」という言葉が何度も出てきました。

のちに海外のメディアによって〝フクシマ・フィフティ〟と呼ばれることになる人

間は、実際には「六十九人」いました。

どんなことになろうと、俺たちが原子炉の暴走を止める――その信念は、事故に対処した福島第一原発の現場の人間に共通するものだったと思います。

吉田さんは、過剰介入してくる官邸や、時には、東電本店まで敵にまわして、暴走しようとする原子炉と格闘をつづけました。

食道ガンの告知

吉田所長は、事故から八か月後、突然、食道ガンの宣告を受けました。すさまじいストレスの中で闘ってきた吉田昌郎さんの身体は、いつの間にか、ガン細胞にむしばまれていたのです。

「ガンの告知は、主人と一緒に受けたんです。東電病院で、人間ドックを受けたとき、食道のあたりにかなり大きな影があるという指摘を受けまして、くわしくは、慶応病院の検査を受けて、ということになりました。それで十一月十六日に、告知されたんです。食道ガンで、〝ステージ・スリーです〟と、二人で告知を受けたんですが、なんか、人の病気のことを聞くような感じで、二人とも落ちついて聞けました。たぶん達観《たっかん》していたんだと思います。先生の話が、遠くから聞こえるような感じで、ああ、そうなんですかあ、というふうでした。あんなに主人は頑張ったのに、こんなひどい目にあって……という感情が出てくるのは、ずっとあとですね」

吉田さんの夫人、洋子さんはそう語ってくれました。それは、生と死の狭間で踏ん張った吉田さんにとって、あまりに残酷な運命でした。

さらにくわしい検査のため入院することになった吉田さんは、福島第一原発の所長を後任にゆずりました。ひととおりの検査を終えた吉田さんが福島第一原発に戻り、闘いの日々を過ごした免震重要棟の緊対室で、全員に対して挨拶をしたのは、二〇一一年十二月初めのことです。

緊対室には、突然去った吉田さんの姿を見ようと、協力企業も含めて数百人の人間が集まりました。マイクを持って、テレビ会議用のディスプレイの前に立った吉田さんは、そのひとりひとりに向かって、

「皆さん」

と語りかけました。福島第一原発では放射線の中での活動のため、建物の中にいても全員がタイベック姿です。免震重要棟から一歩外に出るときは、さらに全面マスクを装着するのです。

「皆さんに挨拶もできないまま、こんな形で（後任の）高橋君にあとを譲ってしまいました。誠に申し訳ありませんでした。もう私の病気については、皆さんもご承知かと思いますが、どういう状況かと申しますと、食道ガンのステージ・スリーということを病院で診断されました」

立錐《りっすい》の余地もない緊対室では、ともに闘った部下たちが、吉田さんの話をひと言も聞き漏らすまいと静まりかえっていました。

「私はこれから抗ガン剤治療と手術をいたします。患部を摘出すれば治ると言われていますので、医者に任せてみようと思います。ここでみんなと一緒にやって来たわけで、こういう状態でここを去るのは非常に心苦しいし、断腸《だんちょう》の思いです」

吉田さんはあの極限の場面での部下たちのすさまじい闘いぶりを思い出しながら、そうつづけました。

「あの日々を、私は忘れることができません。今も厳しい状況に変わりはありませんが、皆さんのおかげで、なんとかここまで来ることができました」

直接の部下たちも、協力企業の人間も、苦しかった日々を思い出しながら、吉田さんの話を聞いています。少し、深刻な雰囲気になったので、吉田さんは、ここで得意の冗談を飛ばしました。髪の毛の薄い福島第一原発の総務部長の名前を出して、こう言ったのです。

「すでに私は一回目の抗ガン剤治療を受けましたが、まだ私の頭の毛は抜けておりません。彼よりも、ガン治療を受けている私の方が毛があるはずです！」

全員がかたわらに立っている総務部長の頭と吉田さんとを見くらべ、一斉に笑いが起こりました。吉田さんらしい冗談でした。

「どうか、皆さんには、これからも頑張って欲しい。まだまだ困難なことがつづくでしょうが、皆さんにはそれをどうか乗り切って欲しいと思います。福島県の人だけでなく、日本中の人たちが皆さんに期待しています。そのことを忘れず、高橋君の下で力を合わせてやってください。ありがとうございました。私も必ずここに戻ってきたいと思います」

それは、吉田さんの万感《ばんかん》を込めた挨拶でした。吉田さんが話し終わると、緊対室に万雷《ばんらい》の拍手が巻き起こりました。

「ありがとうございました」

「頑張ってください！」

「早く治して帰って来てください」

吉田さんが緊対室を出るとき、部下たちがそう言って駆け寄りました。涙を浮かべている者もいました。それは、過酷な闘いをともにした〝戦友〟たちとの別れでした。

吉田さんはこう述懐しました。

「みんなが駆け寄ってくれてね。いろいろ声をかけてくれました。やっぱり、みんな心配してくれててね。それまで、僕の病状がどうなってるんだろうっていうんで、最初はあまり噂もできないような状態だったらしいんですよ。

それが、僕が自分の口で、冗談も言いながら話したんで、少し安心してくれたようです。みんな、おーおーっていう感じで、こっちは申し訳ないという気持ちを伝えることができました。事故後、放射線の中での勤務になるため、女性職員はこの中にはいませんでしたが、握手してくれるのも結構、いてね」

吉田さんは、そのあと福島第二原発に向かいました。

「第二の免震重要棟にも行って、挨拶をさせてもらったんですよ。あの事故のときの対応で、部下たちはかなり被曝しましたからね。そういった連中は、バックアップの仕事をしろということで、新たにつくられた福島第二の安定化センターに送られて、ここで仕事をしていました。だから、ここでも、目いっぱい部下たちが集まってくれてね。ワーッともう、部屋いっぱいで、別れるときは、頑張ってください、って随分、励ましてもらいました」

こうして吉田さんは〝戦友たち〟に別れを告げたのです。

「奥さんに謝っといてくれ」

それから二か月後の二〇一二年二月七日、吉田さんは食道ガンの手術を受けました。それは、ろっ骨を一本はずしておこなう十時間近い大手術となりました。吉田さんは、その後の抗ガン剤治療で吐き気などの副作用に苦しみながら、なんとか回復の道を辿っていました。

二〇一二年七月、親友で、最も信頼する部下の曳田史郎さんの携帯に、突然、吉田さんからメールが送られてきました。そこには、こう書かれていました。

〈曳田へ。あの時、状況がさらに悪くなったら、最後は全員退避させて、おまえと二人だけで、あそこに残ろうと決めていた。だって、空っぽにするわけにはいかないだろう。奥さんに謝っといてくれ。ごめんな〉

奥さんに謝っといてくれ。ごめんな――それは、あたかも別れを告げるような文言でした。なんだろう。ヨシやん、どうかしたのか。

吉田さんと曳田さんは、「ヨシやん」「曳田」と呼び合う仲です。新潟の中学を出て、すぐ東電学園に入った曳田さんより、東京工業大学の大学院を出て入社した吉田さんのほうが地位はいつも上でした。しかし、同い年の二人はなぜか気が合い、吉田さんが福島第一の勤務になったときは、いつも一緒でした。

メールの文言を見たとき、曳田さんは涙がこみあげてきました。死を覚悟したあの日々のことを思い出したのです。なんとしても事故を収拾しようと、誰もが心をひとつにして頑張った日々が蘇《よみがえ》ったのです。

さらに事態が悪化し、最期のときを迎えたら、そのときは「二人」で、福島第一に残ろうと考えていた——。

（バカ野郎。おれがおまえ一人を残して、去っていくわけがないだろう。おれは、最後までヨシやんと一緒だよ……）

曳田さんは、そう心のなかで呟きました。そのとき、ボロボロと涙を流している曳田さんに奥さんが気づきました。

「あのメールは、ちょうど私が非番で、女房と一緒に家にいたときに来ました。メールの文字を追っていくと、メールの最後に、あいつらしい、〝奥さんに謝っておいて〟という言葉がありました。それを見たときに、涙が止まらなくなったんです。女房が気づいて、〝どうしたの？〟と聞いてきたので、だまって、その携帯を渡したのを覚えています。女房もそれを見て、泣いてしまって……」

曳田さんは、そう振り返ります。奥さんは、泣きながら曳田さんにこう言いました。

「お父さんが、吉田さんをたった一人にするわけがないよね。お父さんのことだから、きっと、そうしたよね」

曳田さんは、吉田さんに〈おれがヨシやんを一人にするわけがないだろう〉と返信したことを覚えています。

吉田さんは、その直後の二〇一二年七月二十六日、脳内出血で倒れました。二度の開頭手術とカテーテル手術も一度受けましたが、症状の改善は見られませんでした。のちに、ガンが肝臓と肺に転移していることもわかりました。

一年後の二〇一三年七月九日、吉田さんは五十八歳という若さで、東京・信濃町の慶応大学病院で息を引き取りました。震災から二年四か月後のことでした。

結局、曳田さんへのあのメールは、曳田さんにとって吉田さんの〝最後の言葉〟となりました。いま曳田さんのもとには、吉田さんから贈られた赤い皮袋に入った焼酎の小瓶《こびん》があります。これは、吉田さんが、部下たちへの挨拶のために福島第一に戻り、免震重要棟から出て行くときに、ちょうど不在にしていた曳田さんを、

「曳田はどうした。曳田はいないのか」

と探したうえに、

「曳田にこれを渡してくれ」

と、同僚に託してくれたものです。

それは、酒好きの曳田さんへの心のこもった贈り物でした。

「これを（同僚から）受け取ったときは、私はヨシやんの病気は治るものだと信じていました。その小瓶は今も赤い皮袋に入ったままです、封は、今も切っていません。おそらく、私が生きている間はこのままだと思っています。いつかはこの小瓶も封を切られると思いますが、そのときは、横に、あいつがいるだろうと思います」

曳田さんはそう言います。

吉田昌郎さんは、こうしてかけ足で、私たちの前から去っていきました。残ったのは、さまざまな人々の胸のなかの思い出と、ぎりぎりで「日本は救われた」という厳然とした事実だけです。

私は、長時間におよんだ取材のなかで、こんな吉田さんの話が印象に残っています。

「あのままいけば、福島第一と第二の原子炉十基がやられて、チェルノブイリ事故の十倍の被害規模になっていたでしょう。私は、その事態を考えながら、あの中で対応した現場の部下たちのすごさを思うんですよ。それを防ぐために、最後まで、部下たちが突入を繰り返してくれたこと、そして、命をかえりみずに駆けつけてくれた自衛隊をはじめ、沢山の人たちの勇気を称えたいんです。本当に福島に大変な被害をもたらしてしまったあの事故で、それでもさらに最悪の事態を回避するために奮闘してくれた人たちに、私は単なる感謝という言葉では表せないものを感じています」

吉田さんは私に、そうしみじみと語ってくれました。

吉田さんは私の取材から一年後に亡くなりました。肝臓に転移したガン細胞は、こぶし大になり、太ももには肉腫もできていました。それは〝日本を救った男〟の壮烈な最期でした。

日本という国の「死の淵」に立った男は、事故後八百五十一日を経て、〝戦死〟したのだと私には思えます。

自分たちに背負わされていたものの〝大きさ〟に押しつぶされることなく、時に激しく、時に淡々と、闘いつづけた吉田さんと福島第一原発の現場の人たち。彼らが土壇場で発揮した責任感と使命感——すなわち「本義」に忠実なリーダーに導かれて各々の持ち場でそれぞれの「本義」を生き抜いた姿を、私は忘れられないのです。

第三章

自らの使命に忠実だった「根本博陸軍中将」

軍隊とは何のために存在するのか

玉音放送って何ですか？

そう聞かれたら、困る人は少なくないでしょう。だって、玉音放送とは、ポツダム宣言を受諾した日本が、天皇によって終戦（つまり「敗戦」）を国民に向かって伝えた放送であり、それ以上でも以下でもないはずです。

ほかに何があるのか。そんな心配をしてしまうに違いありません。

では、視点を変えて、軍隊にとって、あの玉音放送は何だったのですか、と聞いたらいかがでしょうか。

軍隊といっても、内地にいる軍隊と外地にいる軍隊とは、当然、まったく違います。それを「外地にいる軍隊」としてみましょう。

外地にいる軍隊にとって、玉音放送とは何だったのでしょうか。

玉音放送は、「終戦の詔勅《しょうちょく》」とも呼ばれます。すなわち戦争を終結するという宣言です。

そうです。軍隊にとって、それは戦闘の停止命令であり、「武装解除命令」にほかならないのです。

そして武装解除とは、言うまでもなく敵への武器引き渡しを意味します。つまるところ、これまで戦っていた相手に武器を「引き渡す」、それが、敗戦なのです。天皇が受諾を表明したポツダム宣言には「武装解除」が明記されていました。大元帥である天皇自らが発した武装解除命令――それこそが、あの玉音放送だったことになります。

ある日突然、それまで戦っていた相手に武器を引き渡すように命じられたのです。これを実行するには、相当な覚悟が必要です。引き渡した瞬間に、バラバラバラバラ……と機関銃で殺されるかもしれません。

あるいは、丸腰になったことで、非人道的な扱いを受けるかもしれません。実際に、今の中国東北部、旧満洲にいた関東軍は、そのままシベリアに連れていかれ、飢えや病気でおよそ五万五千人（厚生省調べ）もの死者が出る「シベリア抑留」を経験しました。

しかし、このとき「武装解除」を拒否した司令官がいます。

満洲にほど近い内蒙古に展開していた駐蒙軍の司令官、根本博・陸軍中将（当時五十四歳）です。

私は、この根本博さんを主人公にした歴史ノンフィクション『この命、義に捧ぐ　台湾を救った陸軍中将根本博の奇跡』を二〇一〇年に上梓しています。

後述する「台湾」でのエピソードよりもまず、根本さんは、なぜ「武装解除命令に従わなかったのか」という謎に迫り、この本のテーマであるリーダーの「本義」を考える一助にしたいと思います。

それは、「軍隊とは何のために存在するのか」という基本を問うものでもあります。根本さんは、「軍隊とは国民の命を守るもの」という考えを貫いた人です。そこに軍人としての「本義」を見出していたのでした。それがどんな意味を持っているのか、ここで紹介させて欲しいと思います。

一九四五（昭和二〇）年八月十五日、根本陸軍中将は、蒙古聯合《れんごう》自治政府の首都・張家口《ちょうかこう》にいました。北京から内蒙古に通じる交通と貿易の要地で、モンゴル名では「カルガン」と呼ばれていた都市です。

張家口には、駐蒙軍の司令部がありました。そして、在留邦人がおよそ二万人、内蒙古全体では、あわせて四万人ほどが暮らしていました。

「日本国民の命を守る」

根本さんは、駐蒙軍の司令官になってから、そのことを片時も忘れませんでした。

そして、戦争に敗れるということこれまで日本が経験したことのない事態に見舞われたとき、その「軍人としての本義」が発揮されることになります。

戦争に負ける――勝つものがあれば負けるものもいることは当然なのに、日本は、「戦争に負けたときはどうすればいいのか」ということを教育していませんでした。

根本さんは、福島県の岩瀬郡仁井田村《にいだ》(現在の須賀川市仁井田)に生まれ、仙台の陸軍幼年学校、陸軍士官学校、そして陸軍大学に進んだエリート中のエリートです。

しかし、そんなエリート軍人でも、戦争に負けたときにどうすればいいのか、という教育は受けていません。帝国陸軍とは、負けるはずのない軍隊だったからです。

これは、驕《おご》り以外のなにものでもないでしょう。

ところが、昭和二十年八月、誰も経験したことがない「敗戦」となりました。〝マニュアルなき事態〟の到来です。

未曽有の事態が到来したとき、リーダーはどうすべきか。そのとき自らの「本義」に忠実な人はどうするのか、根本さんの行動をお伝えしたいと思います。

まず「パニック」を防いだ司令官

根本さんは、内地（日本）時間の正午から始まる玉音放送を聴くために、幕僚たちを連れて、張家口放送局に来ていました。

駐蒙軍の司令官である根本さんには、当然、天皇のラジオ放送がどんな中身であるかは事前にわかっていました。

（陛下が自ら「敗戦」をお言葉にされる）

長く軍務に就いてきた根本さんの胸中には、耐えがたい思いが湧きあがってきたことでしょう。しかし、内蒙古全体を守る駐蒙軍の根本司令官には、感傷に浸っていることなど許されません。

このとき駐蒙軍は、六日前の八月九日に日ソ中立条約を一方的に破棄して攻め込んできたソ連軍との間で、激しい戦闘状態にありました。

ソ連軍は、満洲だけでなく、内蒙古にも侵入しており、激戦が繰り広げられていたのです。

この激戦のさなかポツダム宣言の受諾が発表されれば、一転して、日本軍は敵軍に武器引き渡しを行わなければなりません。

しかし、根本さんの頭の中は、「いかに軍人としての本義に忠実であるべきか」ということに占められていました。

内蒙古に点在している在留邦人の命をどう守るか。

それが、「軍隊とは国民の命を守るもの」という信念を持つ根本さんにとっては、第一に考えるべきことだったのです。

そこで根本さんは、玉音放送のあとに、間髪を容《い》れず内蒙古全体に自ら放送をおこなう準備を、あらかじめ張家口放送局に命じておきました。

放送局では根本さんのまわりに、駐蒙軍司令部の幕僚たちがずらりと並んでいます。

やがて玉音放送が始まりました。

根本さんの脳裡《のうり》には、日支事変（昭和一二年）以後八年間の苦労や、これから在留邦人や部下の将兵が経験するであろう苦難についての思いがこみ上げてきました。

根本さんは、家族に残した自筆の手記の中で、そのときの思いを書いています。

（しっかりしろ！）

自分を叱咤《しった》しながら、根本さんは電波を通して聴こえる陛下の声に耳を傾けていました。まわりにいる幕僚の間から、すすり泣きの声が聞こえてきたそうです。

そして根本さんは、玉音放送のあと、マイクの前に立ちました。

自分が庇護《ひご》すべき人たちや、部下たちに向かって、一世一代の〝訓示〟をしなければなりません。

根本さんは、エ、エンと、癖になっている咳払《せきばら》いをひとつすると、深く息を吸い込んでこう語り始めました。

「日本は戦争に敗れ、降伏いたしました。皆さんは今後のことを心配していると思います。しかし、わが部下将兵たちは、みな健在であります」

口調こそ穏やかなものの、断乎たる決意が漲《みなぎ》る声でした。

「わが軍は、私の命令がないかぎり、勝手に武器を捨てたり、任務を放棄したりする者は一人もおりません。心を安んじてください。彊民《きょうみん》および邦人は、決して心配したり、騒いだりする必要はありません」

彊民とは、もともと内蒙古に住んでいる現地の人々です。駐蒙軍は、邦人だけでなく彼らも守る使命を負っていました。

根本さんの嚙《か》んで含めるような話がつづきます。

「私は上司の命令と国際法規によって行動します。彊民、邦人、およびわが部下等の生命は、私が身命を賭《と》して守り抜く覚悟です。皆さんには軍の指導を信頼し、その指導にしたがって行動されるよう、強く切望するものであります」

あなた方の命は私が身命を賭して守り抜く――司令官自らの声が、蒙疆地区のすみずみにまで流れました。それは、敗戦を告げる「玉音」につづいて放送されたものだっただけに、インパクトの強さは言うまでもありません。

リーダーとして、この行動をどう考えればいいでしょうか。

根本さんは、突然玉音放送を聞くことになる住民に動揺が走り、パニックが生じるであろうことを予見して、真っ先にそれを防いだのです。

住民がパニックに陥っては、元も子もありません。

あなたの命は、身命を賭して守り抜きます――軍司令官自らの決意の放送は、内蒙古に点在していた日本人たちに、どのくらい頼もしく、嬉しく響いたでしょうか。

どんなリーダーであっても、生涯に一度や二度、マニュアルなき事態に遭遇する可能性はあると思います。

そのとき絶対にやらなければいけないことは、まず人々の動揺を抑えることなのです。

分析されていた「ソ連軍の蛮行」

放送を終えた根本さんは、放送局から司令部に取って返し、ただちに全軍に対して、司令官としての絶対命令を下しています。

「全軍は、別命があるまで、依然その任務を続行すべし」

決意と威厳を漂わせて、根本さんはそう告げました。そして、

「もし、命令によらず勝手に任務を放棄したり、守備地を離れたり、あるいは敵の武装解除の要求を承諾したものは、軍律によって厳重に処断する」

これもまた有無をいわせぬ絶対命令でした。

ソ連軍主力と激戦を展開していたのは、張家口北方にある「〇一《マルイチ》陣地」と呼ばれていた陣地です。

八月九日に侵略を開始したソ連軍は、十三日には、張家口から四十キロ北方にある張北《ちょうほく》という町を襲撃してきました。張北の守備を破られた駐蒙軍は、この「〇一陣地」を最後の砦として、必死の抵抗をつづけていたのです。

かつて内蒙古全体で四万五千人ほどの兵力を誇っていた駐蒙軍は、米軍との死闘で苦戦する南方方面に兵力を転用され、終戦時には、一万人を大幅に下まわる兵力しか

持っていませんでした。

まともに戦ってソ連軍に勝てる見込みはありません。ソ連軍の強さは、なんといっても戦車部隊にあります。六年前（昭和一四年）のノモンハン事件で日本陸軍は、その威力を痛感しています。

以来、根本さんが司令官となる前から、駐蒙軍は延々と〝戦車壕〟を掘り続けてきました。幅八メートル、深さ六メートルの戦車壕。これがソ連の強力な戦車部隊を阻止する唯一の防御策でした。

山岳地帯の間に広がる平原を戦車壕で見事、分断していました。そして、それを見据えるように「〇一陣地」があったのです。

根本さんは、「〇一陣地」の守備隊に対して、こう厳命しています。

「理由の如何を問わず、陣地に侵入するソ連軍を断乎、撃滅すべし。これに対する責任は、司令官たるこの根本が一切を負う」

根本さん覚悟の命令でした。今後の戦闘行為の責任はすべて、軍司令官である「根本個人にある」ことを、根本さんは部下たちに伝えました。

こうして、駐蒙軍とソ連軍との戦闘は、〝終戦以後〟も、敢然と続けられました。

しかし、「戦争犯罪」という意識を、根本さんがやすやすと超越《ちょうえつ》していたわけではありませんでした。

上官の命令に従うことは、軍人の本義です。

その意味では、大元帥である天皇陛下の「戦闘停止命令」に従わないことは、許されざることなのです。

それでも、軍隊の本義が、「国民の生命と財産を守るもの」であることを根本さんは揺るがすことができませんでした。

いかに「本義」に忠実に生きようと心を決めていても、二つの本義がぶつかり合うこともときには起こりうるのです。

このふたつの狭間での葛藤を根本さんはどう克服したのでしょうか。

根本さんが家族に残した手記の中に興味深い部分がありました。

部下たちにソ連軍との戦闘継続を断乎として命じた根本さんは、まさに終戦の夜、その葛藤で苦しみ抜いていたのです。

「国民の生命を守る」という本義を重んじるために命じた戦闘継続によって、部下たちに死者が出ることはわかっています。戦争が終わったことが宣言されているのに、自らの出した命令に従って兵たちは戦い、その結果、命を落とす。

部下たちをそんな目に遭わせていいのか、という迷いが、やはり、根本さんにはあったのです。

根本さんは、ソ連軍がどんな性質の軍隊か知っていました。戦力というだけでなく、兵の資質です。

中佐時代の昭和五年、根本さんは、陸軍参謀本部第二部の「支那班」の班長となっています。このとき、「ロシア班」の班長が、根本さんと陸士で同期の橋本欣《きん》五郎《ごろう》という中佐でした。

支那班は第六課、ロシア班は第七課に属しています。両班の班長である根本さんと橋本さんが同期で親友ということもあり、班員同士が密接に往来し、お互いの班長を「ねもさん」「橋欣」と呼び合うほど、日常的に情報交換をおこなっていました。

それぞれが得た情報と分析は、同期の両班長によって〝共有〟され、そのため、根本さんは専門の支那情報だけでなく、ロシア情報にも通じ、ソ連軍の本質や危険性を知悉《ちしつ》していました。

ロシア班は、ロシア革命（一九一七年）のときにおこなわれた蛮行《ばんこう》の実態についても、分析していました。

（ソ連の支配下に入ったら、とんでもないことになる）

それは根本博、橋本欣五郎という両班長の共通の危機意識だったと言っていいでしょう。

自分が保護しなければならない在留邦人、特に婦女子が悲惨な目に遭う危険性を根本さんは感じ取っていました。

「ソ連軍に対しては、絶対に武装解除しない」

根本司令官がそう強く決意を固めることができたのは、ソ連という「敵」に対する日頃の分析の結果があればこそだったのです。

六日前の八月九日から始まったソ連との戦闘で、総崩れとなった隣の関東軍と、満洲全域でおこなわれているソ連の蛮行は、根本さんの耳にも刻々と入っていました。

それは、根本さんの予想と分析の通りでした。

満洲を守っていた頼みの関東軍は、ソ連の宣戦布告からわずか三日で「総退却」の事態に陥り、駐蒙軍は、激戦によって、ソ連軍の侵入を辛うじて阻止していたのです。

根本さんがソ連軍の本質を見抜いている数少ない司令官だったことが、張家口にいた邦人たち、いや、内蒙古にいた計四万人にのぼる邦人たちにとって、どれほど幸運なことだったかしれません。

終戦の夜の「南泉斬猫《なんせんざんみょう》」

玉音放送を聴いた夜、根本さんは、なかなか寝つけませんでした。

根本さんは、若い頃から酒好きで知られています。大柄でひょうきんな根本さんは、酒席で先輩や同僚を楽しませる愉快な将校として有名でした。

日本酒が大好きで、酒にまつわるエピソードにはこと欠きません。

この夜も、ベッドから起き上がった根本さんは、冷酒をコップ二杯、飲み干しました。しかし、頭はますます冴《さ》えてきます。

これまで、昇進を重ね、ついに陸軍中将として駐蒙軍を率いるようになった根本さんは、青年時代から一心に駆けてきた軍人としての日々の終わりを、「敗戦」をもって迎えました。そして、敗軍の将として、自ら信ずる本義にのっとって決断を下したのです。しかし、自分の決断が、多くの人たちの生死を左右することになるという責任の重さを考えると、さすがに思い悩み、軍隊生活において常に良き友だった酒も救いの手を差しのべてはくれませんでした。

さまざまなことが走馬灯のごとく頭の中を駆けめぐります。そんな状態で、眠れるわけがありません。

まず第一に考えなければならないのは、在留邦人の命をどうやって守るかです。一

刻も早く蒙疆から脱出させて、北支那方面軍の主力が守る北京、そして天津へと移動させるしか方法はありません。しかし、

（在留邦人たちはわれわれの命令にどんな思いで従うだろうか……）

そんな思いも根本さんを悩ませます。

大陸に夢を抱いて渡り、蒙疆の地で辛苦に耐えてきた人々です。数年、あるいは十数年の苦労の結晶ともいうべき財産を棄《す》てて、北京や天津に引き上げなければならないとなれば、彼らの苦悩は想像にあまりあります。

根本さんの計画は、目の前に迫っているソ連軍ではなく、国民党の傅作義《ふさくぎ》軍への「武装解除」でした。

辛亥革命のときから戦いつづける傅作義将軍を、根本さんは敵ながら「信念の男」と見ていました。統制のとれた傅作義軍なら、邦人たちに暴虐をおこなうことはないだろう、と考えていたのです。

そこで、ソ連軍からの襲撃に抗戦しながら在留邦人の移動を完遂し、傅作義将軍の到着を待つという計画を立てたのです。

しかし、日本の降伏後も頑強にソ連軍に抵抗するなら、問題になることは確実です。しかも、傅作義将軍が信用のできる人物だとしても、その部下も皆その通りというわ

けにはいかないかもしれません。万一、駐蒙軍の部下将兵が虐待されるような事態が起こったらどうすればいいのか。

さまざまな懸念や不安のなかにいた根本さんは、眠れないまま夜がほのぼのと明けかけてきたことに気づきます。

そのとき、枕もとの本棚にあった『生命の實相《じっそう》』という本が目に入りました。宗教家の谷口雅春の手になる著作で、人生の迷いや生命の本質をわかりやすく著わした内容が、生と死の狭間で生きる戦時中の日本人の思いにマッチして、ベストセラーとなっていたものです。

根本さんは、なにか迷いが生じた時にこの本を開くことがありました。いわば根本さんの愛読書です。

眠れない根本さんは、たまたま同書の「第九巻」を手に取りました。そして、偶然、開いたのは、「第六章　南泉猫を斬る生活」というページでした。

そこには、こんな「公案」（禅宗の修行者が悟りを開くために与えられる問題のこと）が紹介されていました。

〈ある時、雲水たちが、一匹の猫について「猫に仏性《ぶっしょう》ありや」と言い争っていた。そ

こに南泉という高僧が通りかかり、

「僧たちよ、禅の一語を言い得るならば、この猫を助けよう。言い得ぬならば、斬り捨てよう」

と語りかける。だが、誰も答えられる雲水はいなかった。南泉はついに猫を斬った。夕方、南泉の弟子の趙州《ちょうしゅう》が帰ってきた。南泉が猫を斬った一件を趙州に話すと、趙州はただ、履《くつ》を脱いで、それを自分の頭の上にのせて出て行った。南泉はその姿を見て、「もしお前があの時おったならば、私は、猫は斬らずにすんだのに」

と語った〉

公案とは奥が深く、答えというものが「ある」ようで「ない」ように見えますが、実は絶対的な解答を持っているものです。

この「南泉斬猫」の公案について、『生命の實相』の著者、谷口雅春は、こんな解釈を記していました。

〈南泉が猫を斬ったのは「形に捉はれるな、佛性と云ふものは、形の猫にあるのではない。形の猫を斬つて了《しま》つたら、其處《そこ》に佛性があらはれるのだ」ということを、猫を

斬る行為で示した〉

そこには、何であろうと本当に〈生かし切る〉には、〈形を斬つて捨てる〉ことが大切だと書いてありました。

気がつくと、根本さんは何度も何度もその文章を追っていました。

眠れない自分が、たまたま開いたページにあったこの文言の意味を考えながら、「これは偶然ではない」と考えていたのです。

そうだ。余計なことを思い悩む必要はない。ただ自分は、形や現象に捉われることなく、自分自身の使命を果たせばよい。自らの肉体という「形」などは、どうでもいいではないか。ただ、私が守らなければならない人たちの命を守ればいい。そして、すべての責任を一身に背負って「死に切る」だけでよい。それでいいのだ。

そう思うと、気持ちが楽になりました。自分がいまやるべきことは「何か」を突きつめ、「自分の死を受け入れること」を根本さんは、乗り越えたのです。自分自身を「手放す」という〝心の行為〟なくして、本当の覚悟は定まらなかったのかもしれません。

起き上がった根本さんは、さっそく筆を執り、傅作義将軍宛に遺書を書きました。

それは、死ぬことのお詫びと共に、自分が死んだ後、在留邦人と部下将兵たちを無事、故国日本に帰してくれるよう後事を託すものでした。

(敵ながら傅作義将軍は人間的にも立派な軍人である。私のこの遺書に、きっと心を留めてくれるに違いない)

自分の心に迷いがなくなると、相手への信頼も揺るぎないものであると感じられてきたに違いありません。

書き終わると、根本さんは遺書を軍服の内ポケットに納めました。そして、あとはただ「(自決の)決行の機会を待てば良い」と、自分自身に言い聞かせました。

その瞬間、根本さんの胸に鉛《なまり》のように沈澱《ちんでん》していたつかえが、嘘のように消えていきました。

ここ数日、煩悶《はんもん》していたものが消えてなくなったのです。不思議でした。

(私だけが腹を切ればいい。それだけでいいではないか)

そう思うと、根本さんはむしろ晴れやかな気持ちになりました。敗戦の日、根本さんがやっと短い時間とはいえ深い眠りを得ることができたのは、翌十六日朝方のことでした。

司令官を「死刑に処する」

なんとか在留邦人だけでも故国日本に脱出させたい――根本さんの思いに応える部下たちの頑張りで、駐蒙軍の激闘はつづきました。ソ連軍は、駐蒙軍が掘った戦車壕、そして「〇一陣地」をどうしても突破できませんでした。

十五日、十六日のソ連軍の攻撃は特に激しく、両軍の損耗《そんもう》は大きかったのですが、ソ連軍が戦車十五台の残骸を置いて退却したため、駐蒙軍の士気は高まっていました。

しかし、苛立《いらだ》ったソ連軍は、十七日に別の手を打ちます。降伏を促す軍使の派遣とビラの散布です。

その日、張家口の市民は、ソ連軍の飛行機からバラ撒かれる降伏要請の文書を目にしました。そこには、こう書かれていました。

〈日本はすでに無条件降伏している。関東軍もまた日本天皇の命令に服従して降伏した。だが、張家口方面の日本指揮官だけが日本天皇の命令に服従せず、戦闘を続けているのは、まことに不思議である。直ちに降伏せよ。降伏しないならば、指揮官は戦争犯罪人として死刑に処する〉

ビラにはソ連軍の「ワシレフスキー元帥」の名が記されていました。

終戦からすでに「三日」が経っていました。このまま戦闘を継続するのかどうか、いつまでこれを行うのか、さすがに駐蒙軍の参謀たちの間でも〝今後について〟の意見が分かれてきていました。

ビラを散布した後、ソ連の軍使がすぐに「〇一陣地」まで来て、ビラと同じ内容の口上を述べました。根本司令官を「死刑に処する」というのです。

参謀たちの意見は、真っ二つに割れました。

「これまでの方針通り、ソ連軍に対する武装解除は拒否すべきである」

「傅作義軍の来着は見込みがない。これ以上の戦闘は、無意味な犠牲者を出すのみならず、累は司令官の身に及ぶ。ここまで来れば、ソ連軍の武装解除を受けても仕方がない」

二つの意見がぶつかり合い、決着がつきません。無理もありません。〝終わり〟が見えないからです。

例えば、「一週間戦ってくれ」あるいは「八月末まで戦ってくれ」といった〝終わり〟がわかっているなら、どうということはありません。そこまで死に物狂いで踏ん張ればいいからです。

しかし、駐蒙軍には、それがありません。まして、本国が降伏しているのに、自分たちだけが「抵抗」しているのです。そして、それは「戦争犯罪」でもあります。

いつまで戦うんだ？　もういいのではないか。

根本司令官が戦争犯罪人として死刑に処される前に、戦闘は停止すべきだ。そう考える幕僚たちの意見も、もっともでした。

参謀会議でもはや、意見を統一することは不可能でした。

「司令官も顔を出していただければ……」

参謀長が呼びに来たのを機に、根本さんはすべての参謀に集合を命じました。

全参謀が会議室に集まります。いったい司令官はどういう決断をするのか。全員が、いよいよ駐蒙軍の今後の方針が決まるのです。ついさっきまで激論を戦わせていた
根本さんが部屋に入ってくるのを待ちました。

参謀たちが緊張と沈黙に支配されました。

根本さんが部屋に入って来ました。

参謀全員が起立して司令官を迎えます。根本さんは全員が集まっていることを確認すると、ゆっくり席につき、一同を見まわしました。

全員が息を呑んで軍司令官の言葉を待ちました。

「諸君」

と、根本さんは話を始めました。そして、

「私を戦犯にすると言うがごときは、児戯《じぎ》に類することである」

そう根本さんは言ったのです。静かな口調でした。

児戯とは、子供のいたずら、たわむれを意味します。参謀たちの耳に根本さんのその言葉が響いて来ました。

そして、それまでの口調とは正反対の、根本さんの厳しい決意と信念が込められた言葉がつづきました。

「ソ連は、私を戦犯にするとのことだが、私が戦死したら、もはや戦犯にしようとしても不可能ではないか。もし、諸君の中に戦闘継続に躊躇《ちゅうちょ》する者があらば、私自身が、〝〇一陣地〟に赴き、ソ連軍軍使を追い返そう。もし不可能ならば、私自身が戦車に体当たりして死ぬだけのことだ」

根本さんは、大きく眼を見開いて、そう語りました。周囲を圧する迫力が根本司令官にはありました。ひと呼吸おいて、根本さんは、

「私は、今から〝〇一陣地〟に行く！」

と言うや、席を立ちかけました。

その瞬間、参謀たちは総立ちとなりました。

「司令官の決心はよくわかりました」

「承知いたしました！」

「（ソ連軍の）軍使を拒絶帰還させるのは我々が直接やります！」

「司令官は、司令部に留まって頂きます」

口々に参謀たちが叫びました。なかには根本さんの固い決意をあらためて知り、涙を浮かべている参謀もいます。

駐蒙軍の方針は決しました。

あくまで武装解除を拒否し、ソ連軍に徹底抗戦すべし。在留邦人の生命は何があっても、われわれ駐蒙軍が守り抜く――。

その根本さんの決意が、あらためて参謀全員に伝わったのです。

「私自身が戦車に体当たりして死ぬだけのことだ」

参謀たちは、胸の中で根本さんの言葉を反芻《はんすう》したに違いありません。軍司令官の凄まじい闘志と使命感を目の当たりにしたのです。リーダーである根本さんの迷いのない姿が、自らの本義のあり方にゆれ動く参謀たちにも、ぶるぶると震えるような闘志を湧きあがらせたのではないでしょうか。

本義をめぐる「電報」のやりとり

激戦はその後もつづきました。

ついに上層部から根本さんのもとに「武装解除」すなわち「武器引き渡し」を厳命する電報が届いたのは、八月二十日のことです。

言うまでもありませんが、根本さんが指揮する駐蒙軍は、南京に総司令部を置く支那派遣軍の中のひとつの軍隊です。支那派遣軍の総司令官は、岡村寧次《やすじ》大将です。

支那派遣軍は、命令に従い、武装解除を粛々とおこなっていました。天皇自ら宣言された戦闘停止命令は、絶対的なものです。ところが、張家口に本拠を置く根本中将率いる駐蒙軍は、ソ連軍との間で、いまだに激しい戦闘を展開しているのです。

このときの根本中将と志那派遣軍岡村大将との激しい電報の応酬が、防衛研究所には今も残されています。

極限でやりとりされる密電には、それぞれの司令官の「覚悟」と「決意」、さらには「哲学」が滲《にじ》み出てくるものです。そこで、交わされる電文の中身に、在留邦人の命がかかっていました。

〈蒙疆方面に於ける「ソ」軍の不法行為に対し　貴軍の苦衷《くちゅう》察するに余りあり〉

そんな文言から始まる八月二十日付の南京の支那派遣軍総司令部から駐蒙軍への電文は壮烈です。「駐蒙軍の苦衷は察するに余りがある」と理解を示しながら、「然《しか》れども」と、続けています。

〈然れども　詔勅を体《てい》し　大命を奉じ　真に堪《た》へ難きを堪へ　忍び難きを忍ぶの秋《とき》たるを以て　本職は大命に基き　血涙を呑んで　総作命第十二号の如く　有ゆる手段を講じ　速かに我より戦闘を停止し　局地停戦交渉　及武器引渡等を　実施すべきを厳命す〉

支那派遣軍総司令官の岡村大将は、駐蒙軍司令官の根本博中将に対して、〝血涙を呑んで〝速やかに〝戦闘を停止〝し、〝武器引き渡し〝を実施することを厳命したのです。

それは、根本よ、おまえの気持ちはわかる、しかし、涙を呑んで停戦し、武器引き渡しを実施してくれ、という厳しくも、心のこもった呼びかけにほかなりません。

しかし、根本さんはこれを拒絶しています。張家口からは、在留邦人の北京・天津方面への列車による輸送がつづいていました。

無蓋《むがい》列車と呼ばれる天井のない貨物列車をはじめ、どんな列車であろうと確保でき次第、在留邦人を乗せて、北京・天津方面へ出発させていたのです。

根本さんの頭の中は、前述のとおり、軍隊の本義、すなわち「国民の命を守ること」のみに占められており、支那派遣軍総司令部への返電も、その決意に満ちたものでした。

〈今張家口には　二万人の日本人あり　外蒙「ソ」軍は延安と気脈を通じ　重慶軍に先立って張家口に集結し　其の地歩を確立せんが為　相当の恐怖政策を実施せんとしあるが如し〉

ソ連軍が延安にいる共産軍と気脈を通じて、重慶軍、すなわち蔣介石の国民党軍より先に集結しつつあり、まさに〝恐怖政治〟を敷こうとしている。

根本さんは、その危険を必死で訴えているのです。電文はさらにこうつづきます。

〈日本人の生命財産を　保護すべきも　若し延安軍　又は外蒙「ソ」軍等に　渡すならば　其の約束は　守る能《あた》はずと申しあり〉

そこには、ソ連軍、または共産軍相手に武装解除をおこなえば、「保護すべき日本人の生命財産を守ることができなくなる」という根本さんの叫びがあります。だから、支那派遣軍総司令部の厳命といえども、それに従うわけにはいかない――それは、根本司令官覚悟の返電でした。

軍人の本義とは何か。軍隊は何のために存在するのか。

根本さんの行動は、その問いかけに対する答えを明確に示していました。

リーダーの使命と責任

自分がその地位にいる「意味」がわかっていない人は、意外に多いものです。いや、ほとんどの人がそうかもしれません。

しかし、リーダーには、その地位にいる「使命」と「責任」があります。それを考えたことがない人は、その地位にいる意味はありません。失格です。

地位に恋々として、何かが起こったとき責任をとろうとしないリーダーがよく現われるのは、そのせいです。

言いかえれば、自分の「本義」を考えたこともない人には、「いざ」というときに人々を納得させる決断などできないということなのです。

根本さんと駐蒙軍が、その後、どんな運命を辿ったかを説明したいと思います。

実はこのとき根本さんに、さらなる重責が課せられていたのです。

命令を受け取ったとき、根本さんはわが目を疑いました。

日本の国内では、八月十五日に阿南惟幾《あなみこれちか》・陸軍大臣が敗戦の責任をとって切腹し、鈴木貫太郎内閣は八月十七日に総辞職。同日、東久邇宮稔彦《なるひこ》内閣が発足していました。そして、敗戦処理に向けて、新たな陸軍大臣に指名されたのは、陸軍士官学校で東久邇宮首相と同期（二十期）の北支那方面軍司令官、下村定《さだむ》大将だったのです。

下村大将は急遽、東京に向かわなければならなくなりました。

しかし、北支那方面軍には、将兵が三十五万人もいます。その司令官のポストが空席になることは許されません。さまざまな敗戦処理が待っているからです。

そこで後任の司令官として白羽の矢が立ったのが、根本さんでした。陸軍中将であり、北京からおよそ二百キロの張家口にいる駐蒙軍の司令官をその任に就かせることにしたのです。

「急遽北京に向かい、北支那方面軍司令官を兼務せよ」

もちろん三期先輩にあたる下村大将とは、根本さんは旧知の仲です。下村大将が北京を発つのは八月二十一日。根本さんは新たに任じられたリーダーの責務を果たすために、張家口郊外の飛行場から北京に飛ばなければならなくなりました。

しかし、ソ連軍との戦闘が気になって仕方ありません。幸いなことに邦人たちの北京・天津方面への列車による輸送は断続的におこなわれています。

内蒙古全体から集結してきた邦人たちも、無蓋列車に詰め込んで、次々と張家口をあとにしていました。

（あと少しだ。なんとかなるかもしれない）

部下に、「なんとしても在留邦人の命を守り抜け」という命令を残して、根本さんは北京に飛んだのです。

熾烈な白兵戦の末に

頑強に抵抗する駐蒙軍の闘志と戦車壕のために、ソ連軍はどうしても防衛線を突破できないでいました。

ついに戦車での突破をあきらめ、ソ連軍が「夜襲」という作戦に出たのは、八月二十日の夜のことです。

それは「〇一陣地」が静まった夜九時過ぎのことでした。闇に隠れてソ連軍兵士が陣地に這って近づいてきたのです。

「敵襲だ！」

そう兵士が叫んだときには、もうソ連軍の突入が始まっていました。

陣地は、凄まじい斬り合いの修羅場と化しました。いきなりの乱戦です。

私は、このときの模様を生き残った山形在住の渡邉義三郎という元兵士（平成二十五年に九十四歳で死去）に詳しく伺っています。

渡邉さんは私にこう語りました。

「敵味方、入り乱れていますから、銃どころではありません。完全な肉弾戦で、軍刀や銃剣で、突き、斬りまくりました。私は軍刀でした。激しい戦いで刀が歯こぼれしてしまいました。ソ連兵は、〝ウラー！　ウラー！〟と、叫びながら突撃してきました。どうも、その言葉は〝万歳〟という意味だったようです。凄まじい白兵戦がつづきましたが、うちの中隊長は敵の中に自ら斬り込んでいきました」

まるで戦国時代さながらの斬りあいです。逆に考えれば、戦車壕のおかげで、日本軍得意の白兵戦に持ち込めたことになります。

駐蒙軍は、朝方、旺盛《おうせい》な闘志でこの敵襲もなんとか押し戻しています。しかし、多くの戦死者が出ました。

渡邉義三郎さんは、この戦闘で戦友を何人も失いました。

「やはり戦友愛がありますから、どうしても、死んだ仲間の身体の一部でもいいから、

（全滅したかもしれない）

三日、四日、五日……連絡がとれない日が重なるにつれ、焦りと諦めが広がっていきました。

撤退から五日後の八月二十六日、ついに根本さんは部下の松永留雄参謀長（陸軍少将）に駐蒙軍の安否について、調査を命じています。

戦後、厚生省引揚援護局の要請に応じて、松永少将は、『松永留雄少将回想録』と題し、そのときのことを克明に記しています。

そこには、ソ連軍との激戦から北京までの撤退戦で、途中、部隊との交信もままならなかったようすがこう書かれています。

〈行動中の軍の無線連絡は　全く用を弁ぜず　後衛《こうえい》に限らず　第百十八師団と軍の間及北京方面軍司令部と軍との間さえ　連絡杜絶《とぜつ》し状況は一切不明なりき〉

松永少将は、万里の長城のある八達嶺《はったつれい》に向かいました。

八達嶺まで帰りつけば、そこは北支那方面軍の支配地域です。

松永さんは、そこではるか遠方から馬にゆられた将校がやってくるのを発見しました、目を凝《こ》らすと、それは、たしかに駐蒙軍の将校でした。

松永さんは必死で馬上の将校のもとに駆け寄りました。しかし、

「おい！　おい！」

と声をかけても返事がありません。将校は意識朦朧《もうろう》の状態で、気を失ったまま、ただ馬にまたがってこっちに向かっていたのです。

馬上の将校さえ気を失っているとなれば、兵たちのことは想像がつきます。

（やはり、全滅か……）

松永さんはそう考えました。

〈先行し来れる乗馬将校に　路上にて遭遇し　之に後衛の状況を尋ねたるが　返答無く要領を得ず　長期の滞陣に引続く退却の為　該将校は心身共に　朦朧状態にありたるなり〉

松永さんは、『回想録』に短くそう書き留めています。

激戦と極限状態の行軍――なかばあきらめかけた松永さんに、やがて遥か遠くに豆粒のような人の姿が見えました。

（まさか……）

それは、兵たちの姿が松永さんの目に飛び込んできた瞬間でした。しかも、それは、立派に「隊列を組んだ」駐蒙軍の部下たちでした。

次第に彼らは近づいてきます。だんだん兵たちのようすが肉眼ではっきりと見えてきました。

負傷兵がかなりいます。しかし、戸板に乗せられた重傷者以外は、戦友に肩を貸してもらいながら、自力で歩いています。髭《ひげ》が伸び、土で汚れた軍服は、激戦のすさまじさを物語っています。

しかし、必死で掛け声をかけながら、ザッザッザッと、こちらに向かっています。

（さすがだ……）

日本軍はどんなときでも弱さを見せません。それは「恥」だからです。恥ずかしい格好を人に見せるわけにはいかないのです。

このとき兵たちは、八達嶺が見えてから、ゲートルをきちんと巻き直し、軍装を整えていたのです。そして、負傷者を乗せた戸板を持ち直し、歩けるものは肩を借りて、堂々と入城しようとしたのです。

そのことを松永さんが知ったのは、あとのことです。

〈ありがとう……ありがとう……〉

松永さんの目から涙があふれ出てきました。そして、なにも言葉を発することができませんでした。松永さんが敬礼する前を、たとえぼろぼろでも気迫を失っていない駐蒙軍が、堂々と、そして整然と、通り過ぎていきました。

松永さんは、そのときのようすをこう記しています。

〈暫くの後　後衛整斉《せいせい》たる縦隊を以て帰着す　士氣《しき》旺盛なるも　長き頭髪と髯とは無言に長期の労苦を示す　小官感極まり　落涙《らくるい》あるのみにして　慰謝の辞を述ぶる能はず〉

感極まった松永さんは、ただ涙があふれ出て、兵たちに感謝と慰労の言葉さえかけることができなかったのです。

このとき、先の渡邉義三郎さんは軍装を整えて松永少将の前を通って、八達嶺から入っていった駐蒙軍の生き残りの一人です。

私が渡邉さんの話で印象に残ったのは、彼らが自分たちの「使命」をはっきり意識して戦っていたことです。渡邉さんは、私にこう語ってくれました。

「私は戦後、死んだ戦友のところをまわったんです。戦友はみんな若いですから妻子もいません。結婚している人間は少なかったですよ。だから、死んだ本人のおじさんとか、お兄さんとかが対応してくれるわけです。ある戦友のところでは、おじさんが〝誰も来てくれたことがなかった。初めてだ〟と言ってくれました。私が山形から行ったので、〝遠くからありがとう〟としみじみ言われました」

子孫を残すこともなく、日本の同胞の命を守り抜くための〝戦後の戦い〟で、多くの戦友が死んでいったことを渡邊さんはあらためて感じたそうです。

しかし、渡邊さんは私にこう語りました。

「軍隊とは国民を守るのが原点です。あのときは大変だったですが、やったことは当然だったと思っています」

そして、渡邊さんは、根本司令官の決断をこう評価しました。

「私は、あのときの根本閣下の命令は当然だったと思います。私たちの戦いは終戦になってからのことなので、客観的にいえば、〝反乱〟ですよ。でも、戦友は犬死ではなかった。そのおかげで、四万人の邦人が引き揚げて無事日本に帰って来られたのです。これは、私たちの誇りです。隣の満洲の関東軍は、武装解除に応じて、同胞があんなひどい目に遭ったわけです。同じ将軍でも、わが根本閣下は違うと、私たちは、ずっと誇りに思ってきました」

リーダーとして守るべき「本義」が常にひとつであるとは限りません。ときに二つの「本義」がぶつかりあうこともあるのです。そのときどんなリーダーであっても、断乎とした決断を下す前には大いに悩み苦しんでいるのです。

それでも、在留邦人たちを守り抜くという「本義」を貫き通した根本中将の決断は、つらい戦《いくさ》をともに闘った部下の兵士たちにも生涯忘れられない誇りをもたらしていました。

根本中将と駐蒙軍の兵士たちの姿は、現代のリーダーたちにどんなことを語りかけているのでしょうか。

第四章

台湾を救った男

命がけの「密航」

その後の根本博さんについては、本書の趣旨と少し外れるので、詳細は拙著『この命、義に捧ぐ』に譲って、簡単に紹介させていただきます。

戦後の根本さんの生きざまも、戦争中に負けず劣らず壮絶なものでした。

昭和二十一年夏に無事、内地に帰還した根本さんは、三年後、驚くべき行動に出ます。

台湾に密航するのです。

それは、「台湾を助ける」という目的のためでした。

終戦時、根本さんが駐蒙軍司令官と共に、北支那方面軍司令官を兼務したことは先に記したとおりです。

根本さんは、そこで在留邦人と兵隊たちを内地に帰還させるために奔走しました。

満洲で武装を解き、ソ連軍の捕虜となった関東軍将兵たちおよそ五十七万五千人がシベリアに抑留されたことは周知のとおりです。

そして、軍による保護を失った満洲に居住していた日本人の運命は過酷このうえないものでした。婦女子への暴行、凌辱《りょうじょく》、居留民の虐殺など、筆舌に尽くしがたい苦難を舐めたのです。

しかし、駐蒙軍が身を挺して守り抜いた四万人の在留邦人は無事、日本に帰還しました。

その違いはどこにあったのでしょうか。

北支那方面軍をはじめ、日本軍の武装解除を受けた蔣介石軍（国民党軍）が、ソ連のスターリンのように、日本人を抑留することもなく、一年以内に軍人も民間人も、すべて日本に帰還させたからです。

それは、蔣介石が「以徳報怨（徳を以って怨みに報いる）」という方針を掲げる人物であり、その徹底を貫くことのできるリーダーであったこともたしかでしょう。

いずれにしても、北支那方面からの内地への帰還を一手に預かっていた根本中将にとって、「蔣介石への恩義」の感情が生まれたのです。

日本は戦争に敗れましたが、その後平和国家への道を着実に歩みはじめていました。ところが大陸では、蔣介石率いる国民党軍と、毛沢東率いる共産軍との熾烈な「国共内戦」が勃発していたのです。

当初、圧倒的有利だった国民党軍は、やがて関東軍がソ連軍に引き渡した武器が共産軍に渡ったことから、形勢が逆転していきます。

決定的だったのは、一九四八（昭和二三）年十一月から翌年一月までの二か月間にわたった「淮海《わいかい》戦役」です。

徐州《じょしゅう》を中心として山東省南部、江蘇《こうそ》省北部、安徽《あんき》省北部という広大な範囲で国民党軍九十万人、共産軍六十万人が激突した、いわゆる国共内戦における〝関ケ原の戦い〟です。

この戦いで、五十万人もの死傷者を出して敗走したのは、戦力的には優っていた国民党軍でした。

戦争とは戦意が阻喪《そそう》したら、もう終わりです。命のやりとりとは旺盛な気迫があってこそ、初めてできるものだからです。国民党軍は、この〝関ケ原の戦い〟に大敗北を喫して以降、敗走に敗走を重ねていきます。

上海は無血開城され、さらに〝駆逐《くちく》〟されるがごとく、南へ南へと敗走していくのです。ついには、その支配地域は福建省の一部と台湾のみというわずかな勢力へと追い込まれていきました。

このとき、その劣勢の台湾を目指して、密航を試みた人がいました。根本さんです。

終戦時の蔣介石の恩義を根本さんは片時も忘れていませんでした。連日のように報道されていた国民党軍敗走の記事を見ながら、

「今こそ、恩義を返すときだ」

そう考えたのです。

軍人の本義を守って、あの敗戦の混乱の中でソ連軍と戦い抜いた根本さんは、他国人でありながら邦人を守り、内地への帰還を助けてくれた蔣介石への恩義を返さねばならないと決心したのです。

しかし今の根本さんは、かつての北支那方面軍およそ三十五万を率いた司令官ではなく、一介の初老の男にすぎません。

自分ひとり駆けつけても、何の役にも立たないかもしれません。しかし、

「せめて一緒に死ぬことだけはできる」

根本さんはそう考えたのでした。あのときの恩義を忘れてはいません――その思いが、窮地に陥った蔣介石に届けばいい。一緒に死にに来た人間がいることをわかってもらえればいい。日本人として、そう根本さんは考えていました。

無謀としか思えないこの恩返しにかける根本さんの執念はすさまじいものでした。所有していた書画骨董類を売り、密航の費用を捻出しようとしていた根本さんのも

とに台湾人の青年が現われ、「台湾を助けてください」と懇願されるという〝幸運〟もあり、苦労に苦労を重ねた末に、根本さんは台湾への密航を果たします。

密航に使われたのは、わずか二十六トンの焼《や》き玉《だま》船でした。シリンダーの中で熱く焼いた金属球をエンジンヘッドに入れて燃料を燃焼させるため、ポンポンと音を出す、あの船です。

川の行き来に利用されるあのポンポン船で東シナ海を渡ったのです。途中、座礁を繰り返しながら、十四日後に奇跡的に根本さんたちは台湾の基隆《キールン》に辿りつきます。

しかし、根本さんたちは密航者です。しかも、髭も伸び放題のボロボロの格好をしています。たちまち逮捕され、獄につながれました。

「私たちはあなたたちを助けに来た。蔣介石閣下にお取次ぎ願いたい」

根本さんの大陸時代からの部下だった吉村是二《これじ》さんという通訳が必死で訴えますが、相手にしてもらえません。

そのまま根本さんたちは密航者として、獄に放り込まれてしまいました。

「蔣介石閣下を助けに来たというヘンな密航者がいる」

台北にそんな噂が伝わるのは、それから実に二週間近く経ってからでした。鈕先銘《にゅうせんめい》という台湾警備司令部司令の耳にその噂が入ったのです。

「その密航者は、なんと名乗っているのか」

鈕司令は、情報を伝えた部下にそう聞いています。

「根本博と名乗っているようです」

その瞬間、

「えっ」

と言ったまま、鈕司令は絶句しました。

(根本先生が来てくれた……根本先生が助けに来てくれたんだ……)

彼は、そう思ったのです。

実は、鈕先銘は日本の陸軍士官学校への留学経験もあり、国民党軍の中でも有数の日本語の使い手でした。そのため、終戦時、邦人たちの内地帰還問題をはじめ、さまざまな戦後処理をおこなった国民党軍の当事者だったのです。

彼は、交渉相手だった根本さんの人柄や信念を誰よりも知っていました。

(根本先生なら来てくれる……いや、根本先生に違いない)

鈕司令は、夜中だったにもかかわらず、台北から基隆に車を飛ばしました。

一方、根本さんと吉村さんは、急に獄から出され、風呂に入れられました。そして、髭も剃《そ》り、ぜいたくな食事も与えられたそうです。

待遇が急に変わったことで、

(まさか、処刑されるのでは……)

そんな不吉な会話が根本さんと吉村さんとの間で交わされました。

やがて、二人がいる部屋のドアが開きました。

(あっ)

根本さんは驚きました。根本さんにとって〝旧知〟の鈕先銘が、いきなり飛び込んできたからです。

鈕司令は、そのまま根本さんに駆け寄りました。そして根本さんの両手を握り、ただ、

「根本先生、根本先生……」

と言ったまま涙を流しつづけました。

命を捨てて、密航までして、自分たちを助けるために来てくれた。そのことがわかっただけで、追い詰められた国民党軍の幹部である鈕先銘は、涙を止めることができなかったのです。

根本さんの気持ちは、それほどありがたいものでした。それは「戦場」という極限の場に身を置き、切羽詰まった人間でなければ到底、理解できないものだったかもし

れません。

金門島の激戦の末に

それからの根本さんの活躍は、台湾の歴史に大きく、忘れがたい一頁を記しました。蔣介石と感激の対面を果たした根本さんは、蔣介石から感謝され、「林保源《りんほげん》」という中国名をもらいました。そして、共産軍との戦いへの参加を直々に頼まれるのです。根本さんは、福建省での戦いを指揮する湯恩伯《とうおんぱく》司令官の軍事顧問となり、福建、アモイ、金門島に赴きます。

「アモイを捨てて、金門島で敵を撃滅します」

現地を見た根本さんはただちに湯恩伯司令官に作戦を進言しました。

アモイを捨てる——？　鄭成功《ていせいこう》の時代から貿易の拠点として栄えるアモイは、経済や軍事面だけでなく、さまざまな分野の要衝です。

ここを捨ててしまっては、蔣介石の激しい怒りを買うことは確実です。湯恩伯司令官は、この策に抵抗しました。

しかし、根本さんは軍事顧問として、一歩も譲《ゆず》りませんでした。

「アモイにこだわれば、台湾が陥《お》ちます」

そう言って、湯司令官を説き伏せるのです。

結局、アモイには戦意の低い部隊を配置しただけで、事実上、アモイを捨てさせることに根本さんは成功します。

そして、漁師が使うジャンク船（木造船）しか持っていない共産軍を金門島へおびき寄せ、乗ってきたジャンク船を焼き払って後続を断ち、島内で一挙に殲滅する作戦を立案しました。

一九四九（昭和二四）年十月二十五日から二十七日までの三日間、国共内戦における最後の激戦が金門島で繰り広げられました。

根本さんの策は、ぴたりと当たり、ジャンク船で押し寄せた二万の共産軍は、一万四千人が戦死し、六千人が捕虜となりました。そして、国共内戦における国民党軍の唯一、最大の戦果を受けて、以後、国共内戦は膠着《こうちゃく》状態に入るのです。

根本さんが「台湾を救った男」と言われる所以がそこにあります。このとき確定した中国と台湾との〝国境線〟は今なお、破られていません。すなわち、根本さんたちが守り抜いた台湾海峡や金門島は、七十年近くが経過した現在もそのまま存在しているのです。

もし、あのとき湯恩伯司令官がアモイにこだわっていれば、根本さんの読みどおり台湾まで共産軍の手に陥ちていたでしょう。

せめて一緒に死ぬことだけはできる——。

その思いで密航してまで恩義を返そうとした根本さんの行動は、現在に至る台湾の歴史の中で、消えることはありません。

その出発点が、「軍人としての本義」を守ったあの内蒙古の戦いにあることを考えると、私は、本義に忠実だったリーダーというものの「決断」と日頃の「心構え」の重要さに思いを馳せずにはいられないのです。

台湾から無事帰国した根本さんが、家族に見守られて七十四年の波瀾の生涯を閉じたのは、一九六六（昭和四一）年五月二十四日のことでした。

第五章

イラン・イラク戦争で邦人を救った商社マン

パニックに陥った在留邦人

二〇一五年十二月、一本の映画が封切られました。『海難1890』。親日国として知られるトルコとの友好百二十五年を記念した、日本とトルコとの合作映画です。

和歌山県串本《くしもと》沖の紀伊大島で一八九〇（明治二三）年に起こったオスマン帝国の軍艦「エルトゥールル号」の台風による遭難事故――そのときの紀伊大島住人による献身的な救助と介護は、長くトルコの小学校の教科書に記載され、「日本への感謝と親近感」を育《はぐく》みました。それが、九十五年後に起こったイラン・イラク戦争でのテヘランからの邦人脱出につながるという実話を取り上げた映画です。

このエピソードは、年月を経てなお絶えることのなかった、日本とトルコの「人」と「人」のつながり、「真心」に「真心」でこたえようとする使命感の強さ、相手が苦境にあるときに、危険を冒してまでも助け合うことの尊さ、さらには、国境を越えた無償の友情の大切さ……等々、多くのことを教えてくれます。

映画自体も、何度も目頭が熱くなるシーンがある感動的なものでした。

しかし実は、一九八五年のテヘラン脱出成功の陰には、この映画では描かれなかった〝隠れた主役〟が存在したのです。

リーダーにもさまざまな階層があることは「はじめに」でも、触れた通りです。どんな階層のリーダーにも本義はあります。そして、自らの本義をまっとうするリーダーをそれぞれの階層で存分に生かせる組織こそが、あらゆる事態に対して本当の強さを発揮することができるのだと思います。この章では、日本を代表する総合商社のたたき上げのリーダーのことをご紹介したいと思います。

この章の事例は、世のサラリーマンにとって参考になる話ではないかと思います。私は映画『海難１８９０』の公開に先立って、「邦人救出」問題をテーマに、ノンフィクション『日本、遥かなり』を上梓しています。

イラン・イラク戦争におけるテヘラン脱出（一九八五年）、湾岸戦争の「人間の盾」（一九九〇年）、イエメン内戦からの脱出（一九九四年）、リビア動乱におけるトリポリ脱出（二〇一一年）の四つのケースを取り上げ、窮地の中から脱出を果たした在留邦人たちの姿を描いたものです。

そこで紹介した伊藤忠商事の元イスタンブール支店長、森永堯《たかし》さんこそ、映画に描かれなかった〝隠れた主役〟です。

一九六五（昭和四〇）年に東京農工大学を卒業して伊藤忠に入社した森永さんは、アンカラ事務所長、イスタンブール支店長、海外市場部長、中近東総支配人、中近東会社社長、伊藤忠マネージメントコンサルティング社長……等々を歴任した伊藤忠の幹部です。

国内最大手の商社の幹部とは言っても、一介のサラリーマンに過ぎない森永さんが、多くの日本人の命を救うことになる大事件が起きたのは、一九八五（昭和六〇）年三月、森永さんがトルコのイスタンブール支店長（当時は、イスタンブール事務所長）を務めているときのことでした。

トルコのお隣の国がイラン。その首都がテヘランです。

五年前からつづいていたイラン・イラク戦争は、前年に「都市攻撃停止合意」が破棄されたために、互いの都市間攻撃が再開され、一般市民からも犠牲が出る事態に発展していました。

そしていよいよ三月十二日に、イラクはイランの首都テヘランに対して夜間の航空攻撃を敢行したのです。多数のイランの一般市民が犠牲になり、日本企業が支店を構え、あるいは駐在家族が生活を営んでいる日本人街の一角もミサイル攻撃を受けました。

事態をさらに急変させる出来事が起こったのは、五日後の三月十七日午後八時のことです。イラクの空軍司令部が世界を驚愕させる発表をおこなったのです。

「イラク軍は、三月十九日午後八時以降、イラン全土上空を『戦争空域』に指定する。すべての民間機が攻撃を受ける可能性がある。国際線航空会社は、イラン上空を通過することがないよう警告する」

それは、イラン上空を飛ぶ航空機は軍用、民間を問わず、三月十九日午後八時以降、無差別に攻撃する、という宣言でした。わずか四十八時間が過ぎたのちは、民間機さえも撃墜するぞという戦慄の宣言がなされたのです。

テヘラン空襲が三月十二日に始まったとき、すでに各国は、乗り入れている民間機を「特別便」に切り替えて、自国民救出のために動いていましたが、まだまだ多くの駐在者が出国できずにいました。そこへいきなり「四十八時間」とリミットを切られてしまったのですからパニックに陥ったのは無理もありません。

しかし、日本人在住者の状況はさらに劣悪なものでした。外務省は在留邦人を救出するために、日本航空に対して「救援機派遣」を依頼しました。ところが、日航は、「イラン、イラク双方から安全保証を取りつけること」を絶対条件として提示したのです。戦闘状態のイラン・イラクから安全保証を取りつけることなどできるわけがありません。つまり、事実上、救援機の派遣を拒否したのです。

しかも、当時、自衛隊機の海外派遣は、日本では許されていませんでした。自国民の命を助けるという〝究極の自衛〟でさえ、「自衛隊の海外派兵につながる」、あるいは、「海外での武力行使への口実にされる」といった倒錯《とうさく》した論理によって否定されてきたのです。

日本国憲法には、日本国民の生命を守ることや幸福追求の権利に対して、「制限」をかけるような条文は存在しません。しかし、これを自らの主義・主張に合うように捻じ曲げて解釈する政治勢力やジャーナリズムの存在によって、邦人救出のために自衛隊が動くことは、長く封じられてきたわけです。

こうして、テヘラン在住の邦人の脱出は事実上、不可能になってしまいました。ところが、三月十九日夕刻、四十八時間のリミットぎりぎりに邦人救出のために飛んできた航空機があったのです。

トルコ航空です。

トルコ航空は、自国民救出の航空機のほかに「もう一機」、航空機をテヘランに飛ばし、テヘラン在住の日本人を救出してくれたのです。

それこそ、伊藤忠のイスタンブール支店長、森永堯さんの必死の「工作」の末の出来事でした。

オザル首相との〝絆〟

それは、森永さんが当時のトルコ首相、トゥルグット・オザル首相を直接、動かして実現したことでした。これを理解するためには、まず、オザル首相と森永さんとの関係を知らなければなりません。

一九七五（昭和五〇）年、入社十年目を迎えていた森永さんは、トルコのアンカラ事務所への赴任を命じられます。この時期、トルコは、悪化する財政状態と不況に喘いでいました。

当時のトルコは、なんといっても「農業」が基盤で、これをもとに国を立て直すことが求められていたのです。

アンカラに赴任した森永さんは、財政破綻目前のトルコで奮闘する一人のトルコ人と知り合いました。その人物が、のちに首相、大統領となるトゥルグット・オザルさんです。

親日家であり知日家だったオザルさんは、日本の農業技術に興味を持ち、いくつかの民間企業の顧問を務め、日本の経済発展の秘密に大きな関心を抱いていました。

日本が資源小国でありながら、資源を「輸入」して独自の技術力を駆使して商品化し、付加価値をつけて質の高い製品を世界に向かって「輸出」していることに注目しました。オザルさんは敗戦から立ち上がり、世界に例をみない経済発展を遂げた日本と日本人を「尊敬」していたのです。

当時、四十七歳だった日本贔屓《びいき》のオザルさんと、トルコの魅力に引き寄せられていた三十三歳の森永さんが意気投合するのに時間はかかりませんでした。

商社マンとして脂が乗り切った三十そこそこという若さで、生涯の友となる「トルコ」とかかわることができた森永さんは、実に幸運だったと思います。

オザルさんは、日本から技術導入をはかって農業用トラクターの製造をおこなおうとしていました。

しかし、国家自体が財政破綻の様相を呈し始めたトルコに投資する日本企業は現れません。そこで、オザルさんは、少ない外貨でトラクター部品を日本から輸入し、組み立ててから始める事業を考えました。森永さんはこれに全面協力するのです。

しかし、三年後の一九七八年、トルコは国家財政が破綻した「リスケジューリング国」になってしまいました。

懸命につづけてきたオザルさんのトラクター事業も、ついに風前の灯となったのです。それは、二人にとって、最大の苦難の時期でした。森永さんは二〇一〇（平成二二）年、明成社という出版社から出した著書『トルコ　世界一の親日国』にこう書いています。

〈困窮の時期を乗り切るべく、オザルさんも私も共に奮闘に奮闘を重ねた。2人とも筆舌に尽くし難い辛酸を舐めたが、諦めず、お互いに共通の目標の基に、全力を尽くし、この困難に対峙していたので、仲間意識が強まり、信頼関係が醸成され、親しくなっていった〉

苦難を共にした時期の二人が歯を食いしばったようすが窺えます。二人の絆はどんどん深まっていきました。オザルさんは、森永さんを「親友モリナーガさん」と呼び、森永さんは、オザルさんをファーストネームのトゥルグットに尊称のベイをつけて、「トゥルグット・ベイ」と呼びました。

その後、オザルさんは、デミレル内閣に見込まれて、突然、経済担当大臣として抜擢されます。トルコ経済を立て直す使命を負った「政治家」の誕生でした。

オザルさんは大臣になっても、〝戦友〟でもある森永さんを、「日本の経済運営を参考にしたい」という理由をつけて、よく大臣室に招いて相談を重ねたものです。

一九八〇年九月、無血クーデターが勃発し、ケナン・エヴレン参謀総長が大統領となりました。既存の政治家たちは次々と追放されましたが、オザルさんだけは、要職に留まりました。

もともと、オザルさんは政治家ではなかった上に、経済のエキスパートであることが尊重されたのです。こうして、政権の変転にもかかわらず、オザルさんは着々と力を伸ばし、ついに首相に昇り詰めたのでした。

オザルさんが政治家として偉くなっていっても、二人の関係はつづきました。激務のため職務時間中は会えなくなりましたが、森永さんは、早朝や深夜に、オザル邸を訪れました。夜討ち朝駆けの新聞記者も真っ青です。

二人はお互いの妻も一緒に交際していたので、夫人同士も仲がよく、なんでも話し合える関係でした。

森永さんは、「家庭での接待」を基本としていました。

〈人はレストランでご馳走になっても忘れがちであるが、家に呼ばれたことは忘れない。だからこれほど幅広い人脈ができたのは家内のお蔭であると、感謝している〉

森永さんは、自身の商社マン時代を〈家内のお蔭〉と振り返っています。それほど親密であるからこそ、「夜討ち朝駆け」も可能だったのです。

オザル夫人は、いつも早朝か深夜にやってくる森永さんを〝パジャマ友だち〟と呼んでいたといいますから、いかに森永さんが親しい関係だったかがわかります。

「お願いです。助けてください！」

森永さんがイスタンブール支店長として、トルコに二度目の駐在を命じられたのは、一九八五年一月のことです。四十三歳となっていた森永さんは、当時の米倉功社長直々の〝抜擢〟を受けたのです。

「森永君、トルコは君に任せたよ」

辞令を米倉社長から渡されるとき、森永さんはそう告げられたそうです。〝パジャマ友だち〟であるオザルさんは、トルコの首相を務めています。

トップダウンの国・トルコで、森永さんの〝親友〟が「首相となった」ことは、伊藤忠にとっても大きな意味を持っていたことでしょう。

トルコは君に任せた、という言葉の中には、森永さんが築いてきた類いまれなるトルコ人脈への大きな期待があったことは間違いありません。

そして、それからわずか二か月後に、「テヘラン空襲」は起きました。

「なんとかトルコ政府を動かして、テヘランの在留邦人のために、トルコ航空に救援機を出してもらえないか」

そんな緊急電話が、東京の伊藤忠本社から森永さんのもとにかかって来たのです。森永さんは驚きました。

それは途方もない依頼です。

しかも、ほかの業務をおいて、最優先で取り組んで欲しいという指示だったのです。電話を受けた森永さんは、あまりの責任の重大さに、胸が押しつぶされそうになりました。

しかし「なぜ、トルコ航空に救援を頼むのだ？」という疑問も同時に湧き起こってくるのです。

イランの首都テヘランにいる邦人を助けるためというなら、それは、イランと日本の問題です。トルコには、なんの関係もありません。それなのになぜ日本人を助けてくれ、とトルコに頼むことができるでしょうか。

テヘランで外国人がパニックに陥っていて、出国がままならないというのなら、それは在留トルコ人も同じはずです。

トルコ政府にとっては、なによりもまず、自国民であるトルコ人を助けるのが急務です。そこに「日本人を助けてくれ」などという虫のいい要請をすることが、そもそも人として許されるのでしょうか。

森永さんはそう思ったのです。

しかし、藁《わら》にもすがる思いで、東京の本社が自分に緊急電話を入れてきた切迫感も、森永さんには理解できました。

テヘランには、十三人の伊藤忠の駐在員がいます。家族を含めると三十人以上になるでしょう。

自動車部門の担当として、森永さん自身もテヘランには出張した経験があります。駐在員で、直接の知り合いも少なくありません。

家族を抱えたまま、彼らがどれほどの窮状に陥っているかは、容易に想像がつきました。

これほどの依頼をしてくるということは、それだけ本社から信頼されているという証《あかし》です。そのことは、森永さんにとっては、嬉しいことでした。

しかし、トルコ政府に要請をするにしても、「なぜ、トルコ政府が日本人のために動かなければならないのか」、そして「どうして、トルコ航空なのか」と質問された場合に、それに対する答えをきちんと用意しておかなければなりません。

しかし、どんなに考えても、なかなか明快な「理由」が思い浮かびませんでした。いくら親友であろうと、相手は一国の首相です。しかも、依頼の内容が内容です。気持ちをゆっくり落ち着けて、森永さんは受話器に手を伸ばしました。

「トゥルグット・ベイ。助けてください！」

森永さんは、いつものようにオザルさんにファーストネームで呼びかけました。でも、いきなり「助けてください！」というのは、もちろん初めてのことです。森永さんは、切羽詰まっていました。

「どうした、親友モリナーガさん」

電話の向こうから、人なつっこいオザルさんの声が届いてきました。しかし、森永さんのようすに怪訝《けげん》そうです。受話器に向かって、森永さんは、単刀直入に切り出しました。

「トゥルグット・ベイ、トルコから救援機を派遣して、テヘランにいる日本人を助け出してください」

尋常ではない森永さんの口調に、すかさずオザルさんが問い返します。

「テヘランにいる日本人がどうしたというのだ？　モリナーガさん」

それは、素朴な質問でした。

森永さんが答えます。

「これはイランにいる日本人が困っている話なので、イランと日本の問題であり、本来トルコには何の関係もない話です。日本の航空機か、イランの航空機が救援すべきなのです。けれど日本は救援機を出そうにも遠すぎて、サダム・フセインの出した警告の時間に間に合わない可能性があります。また、イラン航空にしても戦争中なので便数に余裕がありません。それにイラン航空ではイラク機に撃墜される危険性もあります。今、日本にとって頼れる国はトルコしかないのです」

オザル首相は仰天したに違いありません。もちろん、サダム・フセインが出した撃墜警告については、承知しています。しかし、そのことで困った日本が、まさかトルコを頼ってくるとは想像もしていなかったでしょう。

ましてそれを頼んできたのが「親友モリナーガさん」なのです。

ひと呼吸おいた森永さんは、一気にこう語りました。

「イランに大勢のトルコの方々が滞在しているのは知っています。トゥルグット・ベイ、あなたはトルコの首相なので、まずはトルコ人を救出したいと考えておられるのは当然です。しかし、日本人をトルコ人と同じように扱って救出していただきたいのです。トルコ人を救出する飛行機のほかに、さらに日本人を救出する飛行機を一機出していただきたいのです。しかも即断即決を要します。事情が事情ですから、私にとってこんなことをお願いできるトルコの友人は、トゥルグット・ベイ、あなたのほかにいません。トゥルグット・ベイ、どうか、助けてください」

オザルさんは、黙って森永さんの話を聞いていました。

しかし、沈黙のままです。さすがに、すぐに反応ができるようなことではありませんでした。

ただ、森永さんは、「日本人を助けてください」とお願いしているものの、「トルコ人ではなく」「日本人を」と頼んでいるわけではありません。

森永さんは、考えに考えた末に、「日本人をトルコ人と同等に扱ってください」と頼み込んだのです。

気心が知れた仲だからこそ言えた言葉かもしれません。トルコ人の命を助けるのと同じように、日本人の命を助けだしてほしいと訴えたのです。

森永さんは商社マンであり、オザルさんは一国の首相です。でも、今この場の二人の間にあるのは、商機でも国益でもありません。トルコ人の生命であり、日本人の生命なのです。

「トルコ人を救出する飛行機のほかに、さらに日本人を救出する飛行機を出していただきたいのです」

これこそ、森永さんが考えた「人」として許される依頼でした。相手の立場からも動くことが「可能な」ぎりぎりのお願いだと森永さんは考えたのでした。

祈るような気持ちで、森永さんはオザルさんの言葉を待ちました。

だが、オザルさんの沈黙はつづきました。

こんなことは、長いつきあいの中でも、もちろん初めてのことでした。森永さんには、その沈黙が果てしなくつづくように思われました。

どのくらいの時間が経ったのか、森永さんには記憶がありません。やがて、森永さんの耳に、やっとオザルさんの言葉が届いてきました。

「わかった。心配するな。親友モリナーガさん」

オザルさんは、そう言いました。そして、こうつけ加えました。

「あとで連絡する」

森永さんに感激がこみ上げました。それは、ことの成就こそわからないものの、森永さんの必死の頼みをオザルさんが「受けとめてくれた」ことだけは、わかったからです。

身体を硬直させていたほどの緊張感が、すーっと解けていくのを森永さんは感じました。この時のことを森永さんは、前掲の『トルコ　世界一の親日国』にこう記述しています。


〈オザル首相は私の話を黙って聞いていた。

いつもならすぐに返事をするのに、その時は私の話を聞き終わっても珍しく何も言わずに沈黙を続けていた。勿論、電話はつながっている。

私は固唾《かたず》を呑んで彼の言葉を待っていた。「ＹＥＳ」とも「ＮＯ」とも言わない。私にはこの沈黙の時間がものすごく長く感じられた。その間、「断られたらどうしよう」とか色んなことが頭をよぎる。でも彼は電話の向こうで沈黙を続けたままである。

やがてオザル首相は口を開いた。

「わかった。心配するな。親友モリナーガさん。

後で連絡する」

これを聞いて、私はしばし呆然としてしまった。「質問されると返事に困るな」と怖れていたことはおろか、何の質問もないのである。それどころか、いきなり「心配するな」と言ってくれたのである。

私は小躍《こおど》りしたくなるほど嬉しかったが、胸が詰まってしまい、「大変ありがとうございます。トゥルグット・ベイ」と言うのが精一杯であった。

こうして電話は終わった〉

森永さんにとって、それからの時間も長いものでした。

いくらトップダウンの国で、しかも、親友でもある首相が「心配するな」と言ってくれても、日本人を救出する救援機を出すことには、想像以上に困難が多いだろうことは間違いありません。肝心のトルコ航空が「危険性」を理由に、フライトを拒否したら、その時点で、この話は終わりです。

森永さんの頭に、さまざまなことが浮かんでは消えたそうです。

なかなかオザルさんから連絡がありませんでしたが、やがて、電話が鳴りました。

受話器に飛びついた森永さんに、オザルさんの声が聞こえてきました。

「すべてアレンジしたよ。親友モリナーガさん」

それは、天にも昇るひと言でした。

「日本人救援のために、トルコ航空は、テヘランに特別機を出します。詳細はトルコ航空と連絡を取ったらいいですよ」

オザルさんは、噛んで含めるように、そうつづけました。待ちに待った朗報でした。

「ありがとうございます……ありがとうございます」

森永さんは、そう繰り返しました。

最後に、オザルさんはこう言いました。

「日本人の皆さんに、よろしく」

オザルさんはトルコ国家を代表して、日本人に対して大いなる真心を発揮してくれたのです。

こうして、トルコ航空が日本人のために「もう一機」飛行機を出してくれることが決まったのです。

それは、一国の首相と外国からの商社マンが、いかに人間と人間としての真の信頼を築いてきたかを物語っています。

妊娠を隠して飛んだスチュワーデス

映画『海難１８９０』に描かれた感動のテヘランからの邦人脱出劇は、こうして生まれたのです。

実際に、このときトルコ航空によって命を救われた日産自動車の技術者（当時）、沼田準一さんは、私にこんな秘話を教えてくれました。

沼田さんはタイムリミットぎりぎりで脱出に成功したとき、「なぜトルコ航空が救出してくれたのか」、あるいは、「その裏でどんなことがあったのか」をまったく知りませんでした。

長い時間が過ぎ去って、徐々にエルトゥールル号遭難事件のことや、当時の森永さんの働きを知ったそうです。

それから四半世紀が過ぎた二〇一〇年にトルコでは、「トルコにおける日本年」と題して、国内のあちこちで日本に関するイベントがおこなわれました。

トルコ航空に助けられた沼田さんは、感謝の気持ちを表すために、トルコに関するイベントに積極的にかかわっており、このときイスタンブールに招かれました。

そこで、沼田さんは、自分たち二百人以上の邦人を救出してくれたトルコ航空のクルーたちと日本領事の公邸で面会を果たしたのです。

さまざまなエピソードを直接、クルーたちから聞くことがかないました。

そのなかで最も感激したのは、あるスチュワーデスの話だった、と沼田さんは教えてくれました。

「忘れられないのは、二十代のお嬢さんを伴って来られていたミュゲ・チェレビさんという元スチュワーデスの方でした。その方が、〝実は、あのミッションのときに、私は妊娠していたんです〟と打ち明けてくれました」

トルコ航空がテヘランにいるトルコ人と日本人を救出すると決まったときに、ミュゲ・チェレビさんは、迷うことなくこのミッションに志願したのだそうです。

しかし、そのとき彼女は妊娠していたというのです。沼田さんは驚きました。

「それなのに、どうして？」

思わず、沼田さんが問うと、彼女は、にっこり笑って、こう答えました。

「あの時、〝日本人を助けるために（戦下の）テヘランへ行ってくれるか〟と、上司に聞かれたんです。私は、日本人を助けることができるチャンスだと思いました。私は、どうしても日本人を助けたかったんです。そして、大昔の〝恩〟を返したかったんです」

彼女は、優しい目で沼田さんを見つめながら、そう言ったそうです。

〝大昔の恩〟とは、言うまでもなく、エルトゥールル号のことです。しかし、彼女の心配は、自分が「妊娠している」ことでした。

「もし、妊娠していることが知れたら、そのミッションに私は参加することができません。仮に、このミッションのことを夫に伝えても、反対されて、参加することはできなかったでしょう。それで、私は妊娠の事実を会社に告げずに、そして夫にもミッションのことを言わず、黙って参加したのです」

彼女は微笑みながら、そう言いました。そして、かたわらにいる若い女性を引き寄せて、こう沼田さんに告げたのです。

「そのときお腹のなかにいたのが、この娘《こ》なんですよ」

沼田さんは心が揺さぶられ、もう言葉が出ませんでした。

妊娠している女性が、そのことを誰にも告げずに、危険なミッションへと志願していた――。

日本からは、あれこれ理由をつけて、飛行機は飛んで来ませんでした。しかし、トルコには、自分が妊娠していることも隠してまで、「日本人を助けたかった」「大昔の恩を返したかった」と戦下のテヘランに飛んでくれた人がいたことを沼田さんは、知ったのです。

「私は日本人をどうしても助けたかった。大昔の恩を返したかったんです」

という彼女の言葉が、沼田さんの頭の中で、ぐるぐると舞っていました。

「ありがとう、本当にありがとうございました……」

沼田さんは、涙を流しながら、目の前にいる母と娘にお礼を言ったそうです。

危険な中、敢然とテヘランに向かってくれたトルコ航空の人々。その心意気に触れ、沼田さんは、「あのときの感動は、生涯忘れられないでしょう」と、私に語ってくれました。

同胞を救うために踏ん張った森永さん、大昔の恩を返すために日本人を助けようと危険を冒したトルコ人。国境を越えて、それぞれの「本義」を貫いた人々のエピソードに、私は、本当に感動しました。

本義とは、毅然と生きる人々の真心から発するもの、と私は思ったのです。

第六章

在所に人を成す為に

駐在員の心得とは

残念ながら、森永堯さんは二〇一四年五月、食道ガンで亡くなりました。七十二歳でした。

直前まで気づかず、ガンが発見されてから、わずか一か月足らずでの急逝でした。

前述のように、森永さんは伊藤忠の中近東総支配人や中近東会社社長……等々を務めた大幹部です。その間に、多くの部下を育てたリーダーとして知られています。

一国の首相さえ動かしてしまうこの商社マンは、多くのことを、私たちに教えてくれます。

私は、森永さんが残したメモや文章をはじめ、さまざまな資料を奥様からお借りしています。

そこには、世のリーダーたち、いやサラリーマンすべてに参考になる示唆に富んだ多くの言葉が記されていました。

最も興味深いものは、森永さんが伊藤忠の中近東総支配人として、リーダーシップを発揮していた頃のものでしょう。

〈在所に人を成す為に〉

そう題して、森永さんは、興味深いメモを残しています。これは、部下たちにスピーチしたり、具体的な指示を出すときに活用したものです。

部下の掌握のために、あるいは、仕事で大きなプロジェクトを成功させるために、参考になることが、沢山書かれています。

〈中近東駐在員心得〉という題目のもとに、1から10までの具体的な項目があります。

それは、商社マンとして基本中の基本でもあり、また、日頃、つい忘れてしまうような事柄でもあります。

1. 病気厳禁、怪我厳禁
2. 明るいオフィス
3. 中近東駐在が天職
4. 先ず感謝
5. 後任に資産を
6. 来客を中近東ファンに
7. 自宅接待は心を込めて

8．人脈作りは相手の好みに合わせ
9．№1商社をめざせ
10．仕事　着手前に絵を

第一項目の〈病気厳禁、怪我厳禁〉というところから、世のリーダーたちは思わず微笑むことでしょう。

有意義な仕事をするためには、まず健康に気をつけ、怪我も含め、自分自身の体を大切にしなければなりません。そこから、すべてが始まるのは当然のことです。

そこを森永さんは、真っ先に書いています。森永メモには、具体的なこんな記述があります。

〈自己管理→病は気から　怪我は油断から→普段の心掛け・強く意識すること〉

病は気から、怪我は油断から――必ずしもそうではないこともありますが、日頃から「心構え」を持っておくことが大切だということを森永さんは指摘しています。

中近東の場合、医療施設が日本とは比較にならないほどお粗末なので、まず「病院のお世話にならないこと」を心がけよ、ということです。

次の〈明るいオフィス〉は、森永さんならではの表現です。

日頃から森永さんは、

「職場は、皆さんの人生の最も大切な時間帯を過ごす場所です」

「同時に、自己研鑽《けんさん》の場でもありますよ」

そう部下たちに伝えていました。

〈明るいオフィス〉の項目には、森永さんは黒ペンで、

〈ディベートによる切磋琢磨〉と〈自由闊達《かったつ》な雰囲気〉という言葉を記しています。

これは、部下を一人前のビジネスマンに育てていくためには、森永さんにとって不可欠なことだったのだと思います。

そもそも〈自由闊達な雰囲気〉がなければ、ディベート、すなわち議論は上司や先輩相手におこなえません。そして、こうした議論というのは、今まで気づかなかった「課題」や、自分自身の「弱点」などもわからせてくれるものです。森永さんが、〈明るいオフィス〉にこだわった理由がそこにあります。

ほかにも、この項目には、〈徹底したほうれんそう〉と〈必要以上のコミュニケーション〉という言葉も記されています。

「ほうれんそう」、すなわち「報告」「連絡」「相談」の重要性は、商社にかぎらず、どの組織にも共通したことです。

ほんの些細な報告や連絡の漏れがライバル社との競合案件での敗北につながる場合もあるし、たとえ困難な案件でも、経験豊富な上司への事前の相談で得られたアドバイスによって、信じられないほどスムーズに進むこともあります。

つまり、〈明るいオフィス〉とは、部署全体のコミュニケーションを活発にすることによって、共通目標を達成するために不可欠なものだとわかります。

多くのリーダーが、頭ではわかっていても、なかなか実現できない理想の部署のあり方を森永さんが〈明るいオフィス〉というひと言で表現しているのは、興味深いことです。

駐在事務所（海外支店）には、多くの現地スタッフが働いています。自分たちと現地スタッフがいかに心を許しあい、共にひとつの目標に向かって仕事をしていくかは、非常に大切なことです。

〈明るいオフィス〉を実現するために、森永さんは現地スタッフとの関係に特に気をつかった人でした。

日本人と同じように彼らと接し、決して差別をしませんでした。一年に一回、開かれるパーティーでも、またバーベキューなどのレクリエーションでも、「全員で楽しむ」という原則を崩しませんでした。

トルコは、社会に「格差」という名の〝階級〟が存在する国です。メイドさんも、運転手さんも、事務所のスタッフも、すべてが一同に会して、同じパーティーや、レクリエーションに参加するということは基本的にありません。

しかし、森永さんは、パーティーやレクリエーションのときも、全員を呼び、また、それぞれの奥さんや子供まで含めて参加を要請しました。仲間意識や一体感を育てることを最も重視したのです。

「うちは日本の会社なんだから、〝日本流〟で行かせてもらいます」

反対する人には、そう言って、森永さん独特の「流儀」を貫きました。

そうして培われた「結束力」は、伊藤忠のほかの支店とも、もちろん、同業他社とも、やはり、まったく異なっていたそうです。

言ってみれば、「森永軍団」です。〈明るいオフィス〉にすることの重要性がわかると思います。

ビジネスで、どう「ロマン」を達成するか

人間なら誰しも「意義のある仕事」をやりたいものです。

社会的に、歴史的に、あるいは、人間として、なんとか「意義ある仕事」をおこない、できれば、後世にその「成果」を残したい——それは、多くのビジネスマンが考えることです。

森永さんが挙げた第三項目にある〈中近東駐在が天職〉というのは、まさにそこを示しています。森永さんは、この項目に、手書きで、

駐在メリット　↓　ロマンを実現出来る
　　　　　　　↓　ビッグショットに会える
　　　　　　　↓　自由に大きな仕事をCREATEし挑戦できる

と書いています。

ビッグショット（Big Shot）とは、「有力者」や「大物」を意味する言葉です。有能な商社マンは、その国の有力者や大立者と付き合い、やがて、大きな仕事をしていくことになります。

海外の駐在になれば、ビジネスの最前線で、そういう人脈を通じて、巨大案件を自分の企画で「生み出す」こともできるのです。

何百億円、何千億円という巨大なプロジェクト、あるいは「商権」を獲得することが可能です。それが、困っている人々の助けになったり、さらには、その国、その地域を「生き返らせる」ようなものだったりすることもあるでしょう。

森永さんは、それを駐在メリットとして「ロマンを実現できる」と記しています。成熟した日本社会ではなかなか現実にすることができないロマンが、海外駐在では、そこここに見出すことができます。森永さんにとっては、そのチャンスに溢れているのが、「中近東」駐在なのだということです。

〈ロマン〉や〈ビッグショット〉という言葉、あるいは、〈自由に大きな仕事をCREATEし挑戦できる〉という文章には、ワクワクするような商社マンとしての森永さんの意欲と生き甲斐が表われています。

なぜ「感謝」が必要なのか

第四項目の〈先ず感謝〉というのも、森永さんらしいものです。

いろいろなところで、森永さんは「絶対に感謝の気持ちを忘れないように」と語っています。

森永さんには、商社マンとして、いつも「心がけたこと」があります。それは、

「その国に生活させてもらっている」

「その国に仕事させてもらっている」

これを「忘れないこと」です。

森永さんによれば、さまざまなものに「感謝する」ことから、ビジネスは始まるのだそうです。彼の残した手書きメモには、こう記述されています。

先ず感謝
　駐在員に選ばれた事に感謝
　　↓　男を上げるチャンス
　　↓　喜びを持ち駐在生活を
　　↓　駐在国をrespectせよ　※強く意識せよ
　駐在生活を支える全てに感謝
　　↓　駐在国で生活させて頂いている
　　↓　駐在国で取引させて頂いている　※強く意識せよ

家族に感謝
現地人に感謝
会社に感謝
両親に感謝
上司同僚後輩に感謝
取引先に感謝

このメモのあとにあるのは、〈配慮〉と〈良い仕事〉という言葉です。

つまり、これらの〈配慮〉があって、初めて〈良い仕事〉ができるというわけです。駐在国を〈respect〉、すなわち、尊重し、尊敬することから始めて、自分を取り巻くさまざまな人々に感謝する。そうした配慮こそ〈良い仕事〉につながるという信念を森永さんは持っていました。

森永メモに頻出《ひんしゅつ》する〈respect〉〈感謝〉〈配慮〉という言葉は、まさに「商社マン森永」をそのまま表わすものと言っていいでしょう。そして、

〈「debate」（議論）はするが、相手のプライドは絶対に傷つけない〉

森永メモには、そうも書かれています。

また、現地人スタッフに対しても、仕事は「厳しく」、しかし仕事以外は「友人として暖かく」をモットーにした森永さんが、多くの現地スタッフに慕われたことは言うまでもありません。

第五項目にある〈後任に資産を〉というのも、森永さんらしい言い方です。物をつくる企業、すなわち「メーカー」ではない商社にとって、資産とは「目に見えないもの」です。

商社は、外国で「商権」をめぐって闘っているといっても過言ではありません。商権とは、文字通り、商売の利益が見込まれる権利のことです。

あらゆる人脈、すなわち人的ネットワークを駆使して、その国での商権を獲得し、商社口銭（手数料）をはじめ、独占的に利益を得ていくのです。

こうした人脈をはじめ、目に見えない資産を後任に残せば、その国では商売の独占をつづけることができるわけです。

また、前述のように、自分の手足となって動いてくれる有能な現地スタッフがいれば、後任は、どれほど仕事がやりやすいか知れません。現地スタッフと信頼関係を築き、見事な技量と手腕を獲得し、それを後任に引き継ぐことは、極めて重要なことでしょう。それらすべてを森永さんは「資産」と呼んでいます。

後任に、自分と同じようなダイナミックな働きをしてもらうために、森永さんは、それを指摘しているのです。

人の「心」をどう摑むか

森永さんの〈中近東駐在員心得〉の中にある後半部分の中で、第七項目の〈自宅接待は心を込めて〉と第十項目の〈仕事　着手前に絵を〉を説明させてもらいます。

森永さんは、奥さんと一緒におこなう「自宅接待」を大変大切にした方でした。レストランで接待をするのではなく、できるだけ「自宅」での接待を基本にしたのです。森永メモには、こんな記述があります。

〈客は接待慣れしている。
レストラン名は残っても誰にされたか忘れがち　↓　自宅接待は忘れない　↓
自宅接待は出来る範囲で、但《ただ》し心を込めて　↓　現地人トップも自宅接待せよ
↓　人脈作りに効果的　↓　主幹者社宅はその為に付与している。主幹者が偉い

為ではない　↓　fullに活用せよ　↓　日本食珍しいので喜ぶ　↓　夫婦で接待　↓　非常に親しくなり、人脈作りとなる。

自宅接待は外国で非常に有効　↓　人脈作りに有効

商社の機能はどこの商社も同じ　↓　その市場で伊藤忠に魅力なければ取引して貰えない〉

森永さんは、ホームパーティーさえ気軽にしょっちゅう開いていれば、それだけでうまくいくよ、などと言っているのではないのです。いわば真剣勝負です。心を込めた〈自宅での接待〉が、外国では最も有効で、人脈づくりの基本となるから、おろそかにせず心してとりくむように、と述べています。

あのオザル首相も、森永さん夫妻の自宅での接待に魅せられた人でした。知日派、親日派でもあるオザルさんは、「和食はなんでも好き」が口癖で、夫人同伴で森永さん宅を何度も訪れ、森永夫人の手料理に舌鼓《したつづみ》を打っています。

そうして築かれていった「信頼関係」が、結果的にイラン・イラク戦争のとき、テヘラン在住の邦人の命を救うことになるのですから、本当に感慨深く思います。

夫婦が手を携えていたありさまを森永さんの当時の部下は、私にこう語ってくれました。

「森永さんは、ご夫妻が二人三脚で仕事をやられていた、という感じがします。トルコでも、和食の手作りの美味しい料理を出してくれました。トルコの大企業グループの総帥を森永さんが自宅で接待するときにご相伴《しょうばん》にあずかったことがあります。お料理もお酒も素晴らしかったですよ。総帥も、すっかりくつろいでいて、森永さんとは本当に親友という感じでした。首相になったオザルさんにかぎらず、政界も財界も、森永さんは、あらゆる人脈を持っていたような気がします」

その気配りは、「現場」へも及んでいました。部下は、こんなエピソードを聞いたこともあるそうです。

「製鉄所の建設の案件を、うちがメーカーさんと組んでとったことがあったんです。メーカーさんの方々はトルコの地方に滞在して、建設業務をやられているわけですね。それで、森永さんがたまに陣中見舞いに行くわけです。そのとき奥さんは朝早く起きて、おにぎりを四十個、五十個握って、おかずも作って、それを森永さんの車に積んでいかせていたそうです。トルコの地方で、食べるものと言ったら、トルコ飯しかない。毎日同じようなものを食べている人たちに、森永さんが白米のおにぎりを持ってきてくれたわけです。現場の人は大喜びされて、それを心待ちにしていたそうです」

そんな〝心配り〟こそ、「商社マン森永堯」の真骨頂だったのです。その陰で、奥さんの力が大きかったことは、部下の方が見ていたとおりだと思います。

最後の10項目めの〈仕事　着手前に絵を〉という部分も、森永さんの独特の考え方です。

森永メモの中で、最もわかりにくいのがこの項目ですが、森永さんは、ここに手書きでこう記しています。

そこには、あらかじめ「イメージ」を抱くことの大切さが書かれています。つまり、「絵」とは「イメージを持ってコトに臨む」ことなのです。

課長時代、絵を描いて入札に臨んだら80％の確率で落札できた。
リーダーシップの取れる仕事を目指す
↓　完成のイメージ
↓　プロセスのイメージ
↓　自分がその仕事のリーダーシップをとるイメージ

←
絵を描く材料収集↓　自分なりの絵を描く
↓　実行　↓　絵の改訂　↓　絵に従って推進
→
実行　↓　絵の改訂　↓　実行（繰返し）

ここでは〈絵の改訂〉という言葉が繰り返されています。

つまり、想定し、イメージを抱きながら、コトを進めることは大切だが、それが〃イメージどおり〃にいくことなど、なかなか「ない」ものなのです。そこで〈絵の改訂〉が何度も必要になってきます。

森永さんは、その大切さを述べています。

あらかじめ「絵」は描くのですが、それを何度も「改訂」しながら、「実行」していくのです。「改訂」「実行」「改訂」「実行」という繰り返しなのです。

物事を成し遂げるまでには、緻密さとダイナミクスが両方、必要であることがわかってきます。

これらの記述のあとに出てくるのが、こんな表現です。

専門家
社内外先輩意見
※ただで意見を聞くことが出来る。活用すべし。遠慮するな。
本　↓　多読の勧め
講演　↓　積極的出席の勧め
※上司をこきつかえ
取引先トップをこきつかえ
何故遠慮する？　遠慮するな

森永メモには、こんな興味深い記述もあります。

赴任時、誰もが駐在生活を成功させたいと思い赴任する。ところが思いを果たせず任期を終え帰国する者が多い。
本来、着任時に具体的に何をどのようにいつまでに実現させるのか絵を描かねばならない。ところが、その気持ちはあっても毎日の忙しい駐在生活に埋没されてしまう。

その内、忙しい生活に満足し始め初心はどこへやら。やがて手を抜く事を覚え、それを正当化するようになる。

あっという間に駐在期間の折り返し時点を意識する頃になる。そうなると帰国を指折り数え始め、今更……という具合になる〉

これを読んで、商社マンにかぎらず、はっとする人は少なくないでしょう。忙しさに流されて、最初に持っていた希望やロマンが、次第に消えていくさまを森永さんは的確に表現しています。

〈絵を描く〉ことの重要性が、具体性をもって迫ってくるのではないでしょうか。

商社マンの本義とは

こうして書いてくると、森永さんがテヘランの邦人救出のために、ついにはトルコ航空を「動かすことができた」ことが不思議でもなんでもないような気がします。

政治家になる前のオザル氏と泣き笑いを共にし、やがて、政治家としてトップに昇り詰めても、以前と同じようにつきあいを続けることができたのは、森永さんにとっては、当たり前のことだったと思います。

駐在国に感謝し、これをrespectし、わけ隔てなく現地の人々とつきあった森永さんの日頃の姿勢を見れば、すべてが当然だったように思えてしまうのです。

私は、「邦人救出」のためにトルコ航空が飛んでくれたことだけでなく、森永さんがビジネスとして成し遂げた「第二ボスポラス橋プロジェクト」のことをどうしても考えてしまいます。

ボスポラス海峡とは、アジアとヨーロッパの間に横たわるトルコの海峡です。トルコ最大の都市・イスタンブールは、このボスポラス海峡を挟んで、住宅地のあるアジア側、商業施設のあるヨーロッパ側に分かれています。人々は、ここを毎日、行き来して生活をしています。

一九八八年、この海峡に全長千五百十メートルに及ぶ大きな吊り橋が架けられました。欧米のライバルたちをものともせず、この巨大プロジェクトを受注したのは、伊藤忠、三菱重工業、日本鋼管、石川島播磨重工業を中心とした日本の企業グループでした。

この受注を実現した人物こそ、日本の商社マン「ミスター・モリナガ」でした。

日本のトップクラスの技術を集結させた〝夢のかけ橋〟第二ボスポラス橋は、森永さんによって実現したものだったのです。

第一ボスポラス橋建設工事を手がけた英国のコングロマリット（複合企業）、「トラファルガー・ハウス」を中心とする企業連合は敗退し、激怒した当時のマーガレット・サッチャー英国首相が中曽根康弘首相に「日本は、円借款までつけて受注するのか」とクレームをつけた話はあまりにも有名です。

伊藤忠に森永あり――。中近東にかかわる総合商社で、それは知らぬ者のいない存在だったと言えるでしょう。

仕事が好きで、中近東駐在員を天職と思い、相手国をrespectし、さらには、さまざまな人に感謝しながら商社マン生活をおくった森永さん以外では、おそらくこれほどのビッグプロジェクトを受注することはできなかったのではないかと思います。

私は、森永さんが示した「商社マンの本義」に関心が向きます。

人間にも、組織にも、「本義」があります。

では、ゼネコンでも、プラントメーカーでも、またディベロッパーでもない「総合商社」の本義とは、何なのでしょうか。また「商社マン」の本義とは何なのでしょうか。

理想の商社マンは、「語学力」「見識」「思いやり」「気配り」「人柄」「企画力」……さまざまなものを武器にするビジネスマンです。

日本を飛び出して世界に舞台を広げ、日本の技術力を背景に相手国にも貢献する。自社の利益だけを追求するのではなく、そんなロマンが商社にはあるのだと思います。

森永さんの生き方や遺されたメモを見ると、「商売」ではなく、相手（トルコ）の発展のために「なにができるか」ということを第一に考えていたことがわかります。

商売抜きで一生懸命、相手のために頑張り、そして、それが結果的に大きく「自分の商売」にはね返ってくる。

森永さんは生涯を通じてそのことを示したように思います。

森永さんは亡くなる一か月半前に山口県の下関市を訪れています。

森永さん自身が実現に奔走した「オルハン・スヨルジュ記念園」のオープン式典に参加するためです。

「オルハン・スヨルジュ」とは、あの在留邦人のテヘラン脱出の際のトルコ航空の機長の名前です。邦人を戦下のテヘランから救出するために飛んでくれた機長への感謝を森永さんは最後まで忘れていませんでした。

イスタンブールと姉妹都市である下関市にかけあい、ついに森永さんは機長の名を冠した公園を日本につくることに成功したのです。

　森永メモにある「感謝」を森永さんは生涯、大切に持ちつづけました。その最後の仕事を終えて、森永さんは静かに逝きました。心からご冥福をお祈りしたいと思います。

第七章

光市母子殺害事件
「本村洋さん」はなぜ救われたのか

「僕は、絶対に自分が許せない」

私には、思い出深いノンフィクションがあります。

二〇〇八年七月に上梓した『なぜ君は絶望と闘えたのか　本村洋の３３００日』（新潮社）です。

この本は、妻と生後十一か月の娘を十八歳の少年に殺された、山口県光市在住の新日本製鐵（現在の新日鐵住金株式会社）のエンジニア、本村洋さん（事件当時二十三歳）の「絶望と闘った九年間」を描いたものです。

多くの事件を取材してきた私も、この光市母子殺害事件には、強烈な印象が残っています。殺害状況の悲惨さはもちろんですが、遺族の本村さんとの出会いがあまりに衝撃的だったからです。

私が本村さんと初めて向き合ったのは、一九九九年八月十一日、福岡県北九州市小倉の喫茶店でした。これが、のちに日本の司法を根底から変えていくことになる青年との出会いです。

小倉は本村さんの故郷です。この日、山口地裁で初公判が開かれ、検察の冒頭陳述を聴いた本村さんは、事件後四か月にして初めて残忍な犯行の中身を知りました。犯人が未成年であったため、情報はすべて伏せられ、被害者遺族にさえ、事件の詳細は知らされてなかったのです。

傍聴席にいる本村さんの前で、事件の概要が「姿」を現わしていきました。白昼、水道の検査を装って新日鐵の社宅に押し入った十八歳の少年。赤ちゃんを抱いて応対した本村さんの妻・弥生さん（当時二十三歳）に襲いかかった少年は、抵抗する弥生さんの首を絞めて殺し、そして、かたわらで泣く生後十一か月の夕夏ちゃんを床に叩きつけます。

気を失った夕夏ちゃんは息を吹き返し、お母さんのもとに必死で〝這い這い〟をして近づこうとしました。犯人は、今度は、夕夏ちゃんの首を絞めて殺害をはかろうとしますが、首が細すぎて絞められません。そこで、持ってきていた剣道の小手ヒモを夕夏ちゃんの首に巻いて、絞め殺すのです。

そのうえで、犯人は、弥生さんを死後レイプしました。

「少年事件」であるために、真相に近づくことができなかった本村さんは、この日初めて目にする生身の「犯人」と、同じ空間の同じ空気を吸いながら、残虐な事件のあらましを聴きました。その衝撃は、想像もできません。

冒頭陳述というのは、これから検察が立証していく「内容」ですから、正確に言えば、まだ「事実」ということではありません。この裁判でも、のちに検察との間で、少年の大弁護団が激しい攻防を繰り広げることになります。

初公判が終わったあと、取材に応じてくれた本村さんは、そのあたりを歩いている、まだ二十三歳のどこにでもいる若者という感じでした。

しかし本村さんは、初対面の私に向かって、

「僕は……、僕は、絶対に犯人を殺します」

そう言ったのです。Tシャツにジーパン姿のあまりにふつうの青年が発した衝撃的な言葉、そして、その思い詰めた表情が私には忘れられないのです。

傍聴席で泣き崩れる弥生さんの母親を慰め、悔しさと無念さにあふれ出る涙を拭《ぬぐ》って法廷をあとにした本村さんの興奮は、故郷・小倉に戻ってきても、そのまま続いているように思えました。

無残な事件の犠牲者遺族を私は数多く取材してきています。被害者の側にとって、犯人は許すことのできない存在です。どんなに怒りをぶつけても、収まりようがないほどの憎しみを遺族は抱いています。そういうどこにもぶつけようがない憎悪の言葉を、私は自分の耳で数多く聞いています。

ところが、その後に本村さんが語り始めたのは、犯人に対する憎悪ではありませんでした。憎しみにもまして痛ましい言葉が、本村さんの口からしぼりだされてきたのです。

「僕は、ひどい男です。僕は自分自身が許せない。絶対に許せない……」

本村さんは、目に涙をためながら、自分を責めつづけます。

「どういうこと？　なんで自分が許せないの？」

怪訝に思った私が問うと、本村さんは、こう言いました。

「僕は弥生を抱きしめることができなかった。死ぬそのときまで、僕の名前を呼んだに違いない弥生を、僕は……抱きしめることもできなかったんですよ」

本村さんは、弥生さんの遺体を自宅の押し入れで発見しました。美しかった生前の妻。その日の朝も、にこやかに送り出してくれた妻が苦悶《くもん》の形相で目を薄く開き、息絶えていたのです。身体には紫に変色した内出血がところどころ浮かび上がっています。それは、自分の知っている妻の姿ではありませんでした。

衝撃のあまり我を失ってしまったら、たとえ抱きしめることができなくても、それを誰が責めることができるでしょうか。しかし、

「そんなひどい奴がいますか。そんな情けない人間がいますか。僕は、変わり果てた

弥生を抱きしめることもできなかったんですよ……」

　本村さんはそう繰り返しました。

　彼はそのことで自分を責めていました。そして、

「僕は……僕は、そんなひどい男なんです！」

　そう語気を強めて本村さんが言い放ったとき、私は息を呑みました。僕はひどい男
――その言葉が迸《ほとばし》った瞬間、私は、本村さんの迫力に圧倒されていました。

　公判で初めて、妻が被った惨劇のあらましを知った本村さんは、発見したあのとき、なぜ抱きしめてあげられなかったのかと、もう取り返しのつかない後悔で張り裂けそうだったのです。

「この男なら本当に犯人を殺すかもしれない。いや多分やるだろう」

　私は、本村さんの涙を見ながら、そのとき、そんなことを漠然と考えていました。

　しかし、同時に私の頭の中にはひとつの常識が当たり前のように浮かんでいました。

　被害者が二人で、犯人は十八歳になったばかりの少年。判決が、「無期懲役」になることは想像がつきます。相場主義に支配された日本の司法で、それ以上、つまり「死刑」を望むのは無理であることが私にはわかっていました。

　私は、「負け」という結果のわかっている闘いに、これから本村さんが立ち向かっ

ていくことが哀れでなりませんでした。しかも、あくまでも復讐を誓う本村さんは、少年が刑務所から出てきたら、これを探し出し、本当に殺すのではないか、と思いました。そうなったら、本村さんも不幸です。

家族もなく、執念と憎しみだけで人生を過ごし、その上、自らも殺人者として獄につながれる。そんなむごいことがあっていいわけがない。

私は、そんなことまで考えたことを覚えています。

本来なら、「殺人など考えるべきではない、君は何を言ってるんだ」——そう叱るのが、大人です。しかし、私は本村さんの迫力に圧倒され、そう諭《さと》すことが憚《はばか》られました。本当に不思議な感覚でした。

なんの飾りも、曇りもない本村さんの叫びは、司法の〝常識〟を当たり前と捉えていた私の心を揺さぶりました。

そして、その説得力は、のちに日本全国の人々を共感させ、最後には、山のように動かなかった司法の世界そのものを大きく突き動かしていきます。

しかし、そんなことは、本村さんも、私も、まだ想像もついていません。ただ本村さんと私は、小倉の小さな喫茶店で向き合っていたのです。

それからの九年間、絶望の中で司法の矛盾と闘い、社会的なうねりともなった本村さんの活動は、ついに二〇〇八年四月二十二日、ある「判決」に辿りつきます。

当初の予想どおり、一審の山口地裁、二審の広島高裁とも少年は「無期懲役」になりましたが、最高裁での差し戻し判決が出て、本村さんは、ふたたび広島高裁での差し戻し控訴審に臨むことになったのです。

頭上を舞うヘリコプター、すべての局が設けた生中継のための特設スタジオ、わずか二十六枚の傍聴券を求めて広島高裁を取り巻いた三千八百八十六人もの人々……。日本中の注目を集めた光市母子殺害事件の差し戻し審判決は、「死刑」でした。

何度も挫折を繰り返し、司法の厚い壁に跳ね返され、絶望の淵に立ちながらも、本村さんはこの日、ついに犯人の「死刑判決」に辿りついたのです。

私は、その詳細を『なぜ君は絶望と闘えたのか』に書かせてもらいました。しかし、本書では、本村さんを支えた人のことを書きたいと思います。

本村さんは、何度も闘いに破れ、自殺を考えた日々を過ごしています。絶望のただ中にいた本村さんを、その度に「闘いの場」に引き戻し、正義の力を説きつづけた人たちがいたことを私は知っています。

本村さんがなぜ最後まで闘うことができたのか。

それは、本村さんを支え、励まし、最後まで毅然たる姿勢を貫かせ、応援しつづけた人たちがいたからにほかなりません。

相場主義の巨大な「壁」

本村さんが「自殺」を考えるようになったのは、第一審の判決が近づいてきた二〇〇〇年二月から三月にかけてのことです。

「犯人を死刑に」と、それだけに望みをつないでいた本村さんでしたが、結審が近づくにつれ、予想される判決が、人々の口の端《は》にのぼるようになってきました。そこには、当然、専門家の意見が反映されています。

では、犯人が十八歳の少年で、被害者は「二人」の場合はどうなるのか。

四人を殺して「連続射殺魔」と呼ばれた永山則夫（犯行時十九歳。一九九七年に死刑執行、享年四十八）に死刑を宣告した際、最高裁（第一次上告審判決、一九八三年七月八日）は、死刑を選択することに対して、次のような説明を読みあげました。

〈死刑制度を存置する現行法制の下では、犯行の罪質、動機、態様ことに殺害の手段方法の執拗性・残虐性、結果の重大性ことに殺害された被害者の数、遺族の被害感情、社会的影響、犯人の年齢、前科、犯行後の情状等各般の情状を併せ考察したとき、その罪責が誠に重大であって、罪刑の均衡の見地からも一般予防の見地からも極刑がやむをえないと認められる場合には、死刑の選択も許されるものといわなければならない〉

これが、いわゆる「永山基準」と呼ばれるものです。

「永山事件」の諸条件を挙げたうえで、「死刑の選択も許される」と記したこの判決文のなかで、その後、ひとり歩きしていくものがあります。

被害者の「数」です。

この最高裁判断は、あくまで指針を示したに過ぎなかったにもかかわらず、奇妙な「基準」が日本の司法にはできてしまいました。

犠牲者が一人なら「有期刑」、二人なら「無期懲役」、三人以上なら「死刑」という〝相場〟です。さらに少年犯罪の場合は、永山のように犠牲者が「四人以上」にならなければ死刑にはならない、と主張する意見まで出てきました。

つまり、事件が百あれば、百通りの事情があるはずなのに、機械的に犠牲者の数で判決が決まるという奇妙な「相場主義」が幅を利《き》かすようになるのです。

取材に来る記者たちから、本村さんも予想される「判決」を聞くようになります。

しかし、本村さんには、それが我慢なりませんでした。

妻・弥生さんと生後十一か月の娘の夕夏ちゃん。少年に殺された犠牲者は「二人」です。〝相場〟どおりなら「無期懲役」となってしまいます。

犯人を殺すという強固な意志を持つ本村さんには、あれほど無残な犯罪を犯した少年には、当然ながら「死刑」判決が下るべきだという考えがあります。

しかし、実際には「そんな判決が下るわけがない」という司法の〝常識〟が覆いかぶさってきたのです。

だんだん思い詰めていった本村さんは、

「自分が自殺すれば、事件に関連して死んだ人間は〝三人〟になる。それなら、裁判官も考えてくれるのではないか……」

と、自殺を考えるようになったのです。

事件前、本村さんは、新日鐵の家族社宅に住んでいましたが、妻子を失い、ひとり暮らしになったため、「独身寮」に移り住むことになりました。

家族との楽しい思い出がつまった家財道具にかこまれて、ひとりで狭い独身寮で暮らす現実。その元凶である犯人が死刑にもならず、「無期懲役」で終わってしまうという不条理。しかも、少年事件における無期懲役とは、わずか「七年」で仮出所が認められることがあることも報道を通じて知らされていました。

それらが本村さんに冷静な感覚を失わせていったのです。

ここにいたるまでの公判中にも、被害者遺族として感情を逆なでされるようなつらい体験を味わってきました。十一月十六日の第三回公判でもひと騒動がありました。

弥生さんと夕夏ちゃんの遺影を胸に入廷しようとした本村さんに対して、裁判所の職員が、

「荷物は預けてください」

と、声をかけたのです。

「これは荷物ではありません。遺影です。妻と娘の入廷を許可してください」

本村さんは、拒否し、そのまま法廷に入ろうとしました。本村さんには、被害者である妻と子が法廷に入って「審理」を見守ることは、誰にも責められるものではない、という確固《かっこ》たる信念があります。

（もし、生きていたら、二人は傍聴に来ただろう。亡くなったからそれができないというのは、明らかにおかしい。もし、そういう制度が本当にあるのなら、その制度の方が間違っている）

本村さんには自信がありました。しかし、職員三人が、本村さんの前に立ちはだかって、手を広げたのです。

「これは規則だ。持ち込みは許さない」

職員が本村さんを睨《にら》みつけると、本村さんはこう叫びました。

「そんな法律があるんですか。一体、誰の裁判をやっているんですか！」

本村さんも、職員も、一歩も引きませんでした。

職員の怒りも凄まじく、

「ダメなものはダメだ！」

そう言って、揉《も》み合いになりました。法廷の前の廊下で揉めているのですから、マスコミ関係者もすべてを見ていました。

本村さんは、裁判とは被害者の無念の思いが生かされ、その上で犯人が裁かれていくべきものだと思っていました。ここで負けたら、弥生と夕夏に申し訳ない。そんな思いで臨んでいるのですから、正々堂々とした主張を覆すつもりは毛頭ありません。

「裁判官の指示だ。理由は必要ない」

「では、裁判長に会わせてください！　私が直接、話をします！」

「そんなことはオマエにはできない。ごじゃごじゃ吐《ぬ》かすな！　預ければいいんだ！」

職員がそう言い放ちました。さすがに、成り行きを見守っていた十人ほどのマスコミの人間たちから、

「そんな言い方はおかしいだろう」

と、声が上がりました。

「遺影が入れないなら、私は裁判を傍聴しません！」

本村さんも感情の昂《たか》ぶりを隠しません。職員は、

「じゃあ、裁判長が会うかどうか、聞いてこよう」

と、法廷に入っていきました。記者たちや傍聴希望者たちが無言で見守っています。険悪な空気が、法廷前を覆っていました。

しかし、戻ってきた職員は、信じられない言葉を口《くち》にしました。

「裁判官は、あなたたち被害者に会う義務もないし、あなた方が裁判官に会う権利もない」

それが答えだったのです。本村さんは愕然《がくぜん》としました。

「なんでそうなんですか。おかしいじゃないですか！」

「裁判というのは、裁判官と検事と被告人の三者でやるもので、被害者には特別なこ

とは認められていない」

職員はそうつけ加えました。被害者には特別なことは認められていない。妻と娘を殺した犯人を裁く法廷の職員の言葉です。

では、いったい裁判というのは、誰のために、なにを目的としてやっているんだ。そんな素朴な疑問が本村さんの頭の中をぐるぐると駆け巡りました。

本村さんは、法廷の反対側にある部屋に入れられました。

そこに、吉池浩嗣《よしいけこうじ》（当時三十七歳）という検事が入ってきました。困った職員が、検事に助けを求めたのです。

事件発生以来、親身になって本村さんと向き合ってくれた事件担当の検事でした。吉池検事は、ひきつづき事件の公判担当にもなっていました。

「本村さん。あなたの言っていることは正しいと思うし、裁判所の言っていることがおかしいと思う。いずれこういうことも直していかなければいけないと思う。でも、今は君の奥さんと娘さんの裁判をつづけることが大事なことなんだ。ここは裁判所の意向に従って欲しい」

吉池検事は、怒りにふるえる本村さんの目を見ながら、そう言いました。

そこへ職員が、遺影に巻く黒い布を持ってきました。

「これを巻くなら、遺影が入ってもいいそうだ」

煮えたぎる怒りはありません。しかし、今いちばん大事なのは裁判をつづけることに間違いありません。法律や制度は、いずれ変えていくことができる。いや、変えてみせる。吉池検事の言葉に動かされて、本村さんは、そのことを誓ったのです。

「ごめんね。パパを許してね」

本村さんは、弥生さんと夕夏ちゃんに向かってそう言いながら、黒い布で遺影を覆って傍聴席に入りました。そして、第三回公判は、十五分遅れて、何事もなかったかのように始まったのです。

本村さんはそれ以後、布で包んだ遺影を胸に傍聴をつづけました。そして、やっと判決の日を迎えたのです。

下された絶望の判決

被害者を蔑《ないがし》ろにすることを当然とみなすような法廷への憤りを抱えながら傍聴してきた裁判で、妻と娘を殺した犯人が「死刑」にならないということが、本村さんには納得できませんでした。

本村さんは、死刑制度とは、人間の生命の尊さがわかっているからこそ、存在している制度だと思っていました。

（ひとを殺めた者の生命が保証されるのはおかしいし、死刑制度は、犯罪抑止のために必要なものだ。残虐な犯罪を人の生命で償う。生命の尊さを分かっているから、存在している制度なのだ）

揺るぎなくそう考えていました。だからこそ、誰もが予想している「無期懲役」の判決が出ることが許せなかったのです。

日本は、どこまで犯罪者を甘やかせる国なのか。

そんな思いも、本村さんにはありました。そんなことを考える内に、次第に本村さんは冷静な思考を失っていたのかもしれません。

判決を前にして、本村さんは「遺書」を書いています。実家の両親宛てと、弥生さんの母親宛ての二通です。もし、判決が死刑でなかったら、命を断とう。本村さんはそこまで思い詰めていました。

（どうせ生きていても、弥生や夕夏は戻ってこない。自分の目の前にあるのは絶望だけだ。それなら、控訴したあとの次の判決に希望をつないで、自分はそのために自らの命を断とう）

本村さんは、そんなことを考えていました。
二十四歳になったばかりの本村さんは社会に訴える手段として遺書を書いたのです。
小倉にいる両親に対しては、
〈先立つ不孝をお許しください。死刑判決が出ないなら、命をもって抗議することしか私にはできません。この先の判決を、お父さんとお母さんで見届けてください〉
また弥生さんの母親に対しては、
〈せっかく結婚させていただいたのに弥生に苦労ばかりかけた上、守ることもできませんでした。本当に申し訳ありませんでした。僕にはこういう方法しかとる手段はありませんでした〉
と、書かれていました。

判決は、予想どおり「無期懲役」でした。

判決文朗読が始まって、およそ三十分が経ったところで、裁判長はこう言いました。

「本件は、誠に重大悪質な事案ではあるが、罪刑の均衡の見地からも一般予防の見地からも極刑がやむを得ないとまではいえない」

そして裁判長は少年を立たせました。いよいよ主文朗読です。

「主文。被告人を無期懲役に処する。未決勾留日数中、百九十日を右刑に算入する」

その瞬間、本村さんの隣に座っていた弥生さんのお母さんは泣き崩れました。本村さんの目からも涙が流れ出て止まりません。

「お義母《かあ》さん。すみません……」

本村さんは、そう言うのが精一杯でした。

裁判長は、主文を言い渡したあと、少年に向かって、

「わかりましたか」

と声をかけました。すると少年は、

「ハイ、わかりました」

と、元気に答えました。

法廷は異様な空気に包まれました。傍聴席で遺族が絶望に泣き崩れる中、裁判長と被告人との間で、まるで前途に希望をつなぐようなやりとりが交わされたのです。

弥生さんのお母さんのすすり泣きが、法廷に響いていました。

裁判とは、被害者に配慮する場所ではない——その言葉が証明されました。本村さんには、それが無性《むしょう》に腹立たしかったのです。

(配慮されるのは、被害者ではない。加害者だけだ。日本の裁判は狂っている)

本村さんは、そう思いました。
(弥生と夕夏は誰にも迷惑をかけず、平穏に、そして慎ましく生きていた。そして、十八歳の少年の欲望の赴くままに惨殺された。しかし、裁判長は、生きていれば必ず傍聴に来たであろう、その二人の遺影の持ち込みさえ認めず、その理由も説明せず、さらには、加害者へかける言葉はあっても、ついに遺族にはねぎらいの言葉ひとつなかった。
そして、出した判決は、個別の事情には何の関係もない、過去の判決に基づいた単なる「相場主義」によるものだった。裁判官は被害者の味方ではない、むしろ敵だ。裁判の結果に加害者ではなく、被害者の側が泣く。それが、日本の裁判だ)
本村さんはこのとき、そう思い知ったのです。

第八章

「君は社会人たれ」という言葉

使命に立ち向かわせた検事の執念

判決後、記者会見に臨んだ本村さんは、自分の思いを語りました。

「司法に絶望しました。控訴、上告は望まない。早く被告を社会に出して、私の手の届くところに置いて欲しい。私がこの手で殺します」

それは、公共の電波に乗った初めての「殺人予告」だったかもしれません。

司法に絶望した。自分の手で犯人を殺す——。

唇を震わして、そう言ってのけた本村さんの迫力に、居並ぶ報道陣は声を失いました。

「判決の瞬間、僕は司法にも、犯人にも負けたと思いました。僕は、妻と子を守ることもできず、仇《かたき》を取ることもできない。僕は無力です。この判決は妻や娘の墓前に報告することはできません」

涙と怒りの会見でした。さすがに、いかに被害者遺族といえども、記者会見という公の場で「報復殺人」の予告をするとは、誰も予想していませんでした。

ニュースを通じて、本村さんの凄まじい怒りが初めて全国の人々の目に映ったのです。

本村さんは、会見が終わると、裁判所の真裏にある山口地検に向かいました。三階にある吉池検事の「三席検事室」に行くためです。これまで公判が終わるたびに本村さんと両親、また弥生さんの母親ら遺族たちは、全員、主任検事の吉池さんの部屋にいったん集まり、その日の公判で何が立証され、何が問題になり、課題は何が残ったか、ということを毎回、吉池検事に説明してもらっていました。

しかし、ついに判決がくだったこの日、遺族たちに声はありませんでした。記者会見を終えた本村さんが部屋に入ってきても、お互いに声を掛け合うことすら憚られる雰囲気に部屋は支配されていました。

そのときです。吉池検事が、話し始めました。

「僕にも、小さな娘がいます。母親のもとに必死で這っていく赤ん坊を床に叩きつけて殺すような人間を司法が罰せられないなら、司法は要らない。こんな判決は認めるわけにはいきません」

銀縁の眼鏡をかけ、普段、穏やかでクールな吉池検事が、怒りに声を震わして、そう言ったのです。目は、真っ赤でした。怒りの記者会見を終えたばかりの本村さんも息を呑みました。

吉池さんは、本村さんに近づき、しっかりと目を見据《す》えてこうつづけました。

「このままこの判決を認めたら、次からこの判決が基準になってしまいます。そんなことは許されません。まだ、控訴するかどうか上級庁と話し合ってはいません。でも、たとえ上司が反対しても私はなんとしても控訴します。たとえ百回負けても百一回目をやります。これはやらなければならない。本村さん、司法を変えるために一緒に闘ってください！」

涙を浮かべた吉池検事の言葉に、本村さんは圧倒されました。いや、そこにいた遺族全員が言葉を出せませんでした。

（……）

凄まじい正義感でした。

ひょっとしたら、吉池検事にとって、それは自分自身を奮い立たせる言葉だったのかもしれません。無期懲役はたしかに予想していた。やはり敗れ去った。それでも、ショックは計り知れないほど大きかったのです。

吉池さんには、このとき小学一年になる娘がいました。二十四歳になったばかりの目の前の青年が、妻と幼い娘を惨殺されて、これだけ闘っているのに、自分はそれに何も報いることができなかった。

検察は、公益の代表者であると同時に、被害者遺族の代弁者でもある。吉池さんは、自分の無力さを痛感していました。しかし、あきらめてはいけない。負けたからといってあきらめるわけにはいきませんでした。検察の本義に悖《もと》るようなことはできないと吉池さんは思ったのです。

遺族たちは吉池さんの姿に感激しました。ここまで、私たち遺族のために必死になってくれるのか、と。

最も大きな衝撃を受けたのは、本村さん本人です。

何もかも手につかなくなり、自殺を考え、自らの命を断つことによって抗議しよう、と、つい昨日まで思っていたのです。

しかし、揺るぎない信念と正義感で訴えてくる目の前の吉池さんの姿に、本村さんは突き動かされました。

長年の先例のせいで相場どおりの無期懲役になってしまった、と憤り絶望する本村さんに、「この判決もまた、相場主義を積み重ねる悪しき先例となるのだ」と吉池さんが気づかせたのです。

「こんな判決を残してはいけない」

吉池さんは、そう訴えました。先例に苦しめられた本村さんの裁判が残した判例が、次の被害者家族に絶望を与える先例となるのです。そうならないために、吉池さんは自分に協力してくれ、と頼んでいるのです。

　このとき本村さんの頭に初めて「使命」という言葉が浮かびました。吉池さんの涙が、その言葉を思い起こさせたのです。

　単なる自分の「応報感情」を満足させるだけではない。司法にとって、そして社会にとって、今日の判決がなぜいけないのか、どうしてこれを許してはならないのか、自分も訴えるべきではないか、と本村さんは気づいたのでした。

　それが、ひょっとしたら、自分に課せられた「使命」ではないのか。それこそが弥生と夕夏の死を本当に「無駄にしない」ことではないのか。

　吉池検事の姿を見ながら、本村さんはそんなことを考え始めていました。

　自殺を考え、遺書まで書き、「司法」に見切りをつけて自ら報復殺人を犯すことを宣言までした本村さんは、このとき初めて、逃避ではなく、「司法」、そして「社会」と闘うことを決断したのです。

　自分の使命に気づいた本村さんは、その日の夜に生出演したテレビ朝日の「ニュースステーション」では、現在の犯罪被害者が置かれている立場の弱さ、法律の不備、それにひきかえ未成年犯罪者に対する手厚い保護について、疑問を呈しました。日本全国に犯罪被害者がいること、その方たちがみんな苦しんでいることを訴えていくことが、妻と娘に対する罪滅ぼしであると思う、と語ったのです。

判決直後の記者会見を知る人は「言っていることが違う」と感じたかもしれません。しかし、他人に言わされた言葉ではなく、本村さん自身の内から発せられている言葉であることは、画面を通してもきっとわかったはずです。

数時間前の本村さんとはもう別人なのです。苦しみのどん底にあっても、自分の使命に気づき、無謀と思える壁にも立ち向かう力を与えたのは、吉池さんでした。絶望を抱えて明日にも、いや、今夜にも自殺をはかる可能性さえあった本村さんに、自分の生きるべき本義を示したのです。

吉池さんは検察に属する公務員です。犯人を追いつめる側の人間ではあっても、必ずしも被害者遺族に寄りそう義務を負う立場にあるわけではありません。

しかし、犯人に応分の罪を償わせることで、被害者の苦しみをいくらかでも緩和したいと努めてくれる人でした。言ってみれば、犯罪問題にずぶの素人である〝被害者遺族チーム〟のリーダー的存在です。

その吉池さんは、検察としての自分の本義に忠実に生きることで、被害者遺族である本村さんを別の次元へ大きく動かしたのです。

人とは変わるものなのです。一年を経るごとに、時間をかけて少しずつ考え方や価値観が変わることもあります。しかし、天啓のようなひとことによって一瞬にして変わることもあるのです。

本村さんにとっては、吉池検事の「こんな判決を残してはいけない」という言葉がそうでした。日本一哀れな犯罪被害者として、憎しみだけを支えに「死」との境界線によろよろと立っていた本村さんの身体に、まっすぐで熱い吉池さんの本義が注ぎ込まれて、生きた血潮が漲《みなぎ》っていったのだと思います。

部下を支えた工場長

本村さんを支えた人は数多くいます。山口県警の警察官も親身になって、本村さんを支えつづけました。多くの方々の応援のおかげで、本村さんは自殺をも考えた「絶望」の淵で闘いつづけることができたのです。

その中で、本村さんの上司、日高《ひだか》良一さんという方が真の意味で本村さんを支えたと私は思っています。事件が起こったとき四十五歳だった日高さんは、本村さんが司法とも、そして社会全体とも闘うことを、陰で支えた上司です。

多くの世のリーダーは、マニュアルなき事態に遭遇したときに「真価」を問われます。それは、組織のトップであろうと、中間の管理職であろうと、変わりありません。そして、リーダーとは、生涯に一度や二度、そんな「危機」に直面するものです。

私は、取材を通じて知った日高さんの言葉を是非、紹介したいと思います。

本村さんが勤める新日鐵光製鉄所（二〇〇三年十月に合併して「新日鐵住金ステンレス」に改名）は、新日本製鐵の製鉄所の一部門として、長く良質なステンレスを生み出してきた歴史があります。

その新日鐵光製鉄所の製鋼工場長を務めていたのが、日高良一さんです。

日高さんは、一九七八（昭和五三）年に九州大学工学部の鉄鋼冶金《やきん》学科を卒業して新日鐵に入社。光製鉄所に配属され、そのまま現場のエンジニアから製鋼工場長にまで昇進していました。ちなみに、本村さんは広島大学工学部の機械学科を出ています。

「冶金」出身の日高さんと「機械」出身の本村さんは、技術をめぐって論争することもありました。

エンジニア同士の論争には、妥協がありません。たとえ上司と部下であっても、技術をめぐって二人が激しく論争したことを日高さんは私に話してくれました。

質の高いステンレスを製造するのは、製鉄会社の基本です。できるだけ素晴らしいものをつくることが、彼らエンジニアの使命であり、誇りなのです。

しかし、どうしても製造過程で不良品が出る場合があります。

傷のついた不良品が生じたとき、冶金出身のエンジニアである日高さんは「成分」に原因があると考えますが、機械出身の本村さんは製造の「過程」に原因があると考えます。

上司と部下との見解の違いは、エンジニア同士だけに激しい論争へと発展したそうです。二人の関係は、上司と部下であっても、そういうフランクなものだったのです。

「本村君は、私と論争するときも一歩も引きませんでした。正しいと思うことは、絶対に譲らない。それが本村君です」

たとえ夜中でも、製造中に不良品が出たときは、「すぐ呼び出してください」と本村さんは現場の人にお願いしていたそうです。どんな深夜であろうと、不良品が生じたという連絡を受けると、本村さんは会社に車を走らせています。

単に「論争」だけでなく、実際に原因を追究する、そんなエンジニアとしての意欲と闘志が、本村さんにはありました。

日高さんは、この決して妥協を許さない部下を尊重していました。

事件が起こったときから、日高さんはこの部下を支えるために、さまざまなことをおこなっています。

「すぐテレビをつけてください！　本村君の奥さんとお子さんが殺されたというニュースが流れています！」

部下のそんな切迫した電話から、日高さんの「光市母子殺害事件」との闘いは始まっています。

テレビをつけた日高さんの目にニュースが飛び込んできました。

（これは……）

日高さんはニュースで事件を確認すると、ただちに総務関係など社内の関係部署に連絡し、また、部下に光警察署に行かせ、朝までそこに詰めるよう指示を出しました。ところが「第一発見者」として聴取を受けていた本村さんとは、まったく連絡がとれません。

日高さん自身も、翌朝七時に光署を訪れましたが、まだ聴取がつづいていた本村さんと会うことはできませんでした。

被害者の夫が長時間の取り調べを受けていることは、すでにマスコミにも漏れており、光署のまわりには、報道陣が取り巻いています。

日高さんが再び、本村さんを迎えに光署に入ったのは、午後五時半のことです。

そして、ようやく聴取の終わった本村さんと光署の二階の一室で、事件後初めて、会ったのです。

「本村君、大丈夫か」

日高さんが訊くと、憔悴した本村さんは、「大丈夫です」と気丈に答えました。

心からのお悔やみを伝えた日高さんは、本村さんにこう言いました。

「悲しい出来事が起こったが、マスコミも大勢来ている。いろんな取り上げ方をされるかもしれん。気をしっかりもって、良識ある行動をとりなさい」

日高さんは、この部下をなんとしても守らなければならないと思っていました。しかし、慰めや同情の言葉をかけるだけでなく、これから待ちうける状況にきちんと対処するよう、きびしい助言を加えることも忘れませんでした。

日高さんの言葉に、本村さんは頷《うなず》きました。

日高さんは、本村さんを通夜の会場である会館に自家用車で連れていきました。そのまま署を出たら、玄関にたむろしている報道陣に取り囲まれ、混乱になってしまうと考えた日高さんは、玄関を避けて駐車場への横の出口から、警察の職員五、六人と一緒に退勤を装って出ました。無事、本村さんをマスコミに知られずに光署から連れ出すことに成功します。

マスコミの取材で葬儀が荒らされないように、日高さんは部下たちを使って、徹底的に本村さんと葬儀自体を守りました。

本村さんが家族思いで、周囲も羨むような仲睦《むつ》まじい夫婦であったことは日高さんもよく知っています。その家族の別れの場を、日高さんは上司として、誰にも荒らされないように「守った」のです。

胸に響いた言葉

最も印象的なのは、本村さんが会社を辞めようとしたときのことです。

事件から三か月が過ぎた頃、本村さんは、日々の生活への集中力や意欲というものを失っていきました。前述のように、本村さんは家族用の社宅を出て、独身寮に移っています。

家族の思い出が詰まった家財道具で埋まった独身寮の一室で、毎日を過ごしているのです。頭に浮かぶのは、無念を呑んで死んでいった最愛の妻と子のことばかりでした。

やがて、本村さんは、仕事に対する「意味」そのものを見出せなくなっていったのです。あれほど仕事に情熱を持っていた本村さんでしたが、それは無理もありません。本村さんが家を留守にさえしていなければ、二人は死ぬことはなかったのです。なぜ、仕事をしなければいけないのか、と本村さんは考えるようになっていました。

「ちょっとお話があるんですが……」

思い詰めた表情の本村さんが日高さんにそう声をかけたのは、初公判が間近に迫った一九九九年七月末のことです。

本村さんの意を決した表情に、日高さんはぴんと来ました。

「おう。そっちへ行こうか」

日高さんや本村さんたちエンジニアが詰めているのは、製鋼工場の隣にある「サブセンター」と呼ばれるオフィスです。二階建てのこのセンターの二階が、日高さんや本村さんたちの職場なのです。

日高さんは、二階のフロアから出て廊下の反対側にある個室に本村さんを連れていきました。

「実は、辞めさせていただきたいと思いまして……」

本村さんは椅子に腰を下ろすなり、そう言って持参していた辞表を日高さんに差し出しました。

予想通りでした。

日高さんにも本村さんのことが気にかかっていました。集中力が以前の本村さんと明らかに違っていたからです。

「会社に来るのがつらいのか」

日高さんは、そう尋ねました。

「はい……」

「毎朝来ているじゃないか」

と、日高さん。

「これ以上（会社に）迷惑をかけられないと思いまして……」

本村さんは、そう答えます。

「辞めてどうするんだ？」

日高さんが訊くと、

「しばらくは何も……」

と、本村さんは答えました。

マスコミの取材攻勢が終わって、喧噪《けんそう》がひと段落しても、本村さんに落ち着きは戻りませんでした。いや、落ち着きというものではなく、毎日の生活に意味を感じることもできなくなり、それが、仕事への意欲にも影響していました。

日高さんは、本村さんの表情を見つめながら、

「この職場で働くのが嫌なのであれば、辞めてもいい」

と言いました。そして、少し間をおいて、こう言葉を接《つ》ぎました。

「君は特別な経験をした。社会に対して訴えたいこともあるだろう。でも、君は社会人として発言していってくれ。労働も納税もしない人間が社会に訴えても、それはただの負け犬の遠吠えだ。君は、社会人たりなさい」

社会人として、仕事をしながら発言していきなさい――それは痛烈なひと言でした。言外に「甘ったれるな」というニュアンスさえ含んだものでした。事件後、光署で初めて会ったときに、同情の言葉だけでなく、

「良識ある行動をとりなさい」

と釘をさした日高さんならではの言葉でした。

「君は、社会人たれ」

本村さんの頭に、その言葉が何度も谺《こだま》しました。社会人として労働し、納税して発言する。そうでなければ、ただの負け犬の遠吠えだ。

会社を辞めてから何をするかも決めていない自分に対して、なにもかもお見通しの

上の言葉でした。

「本村君」

日高さんは、こうつけ加えました。

「君は、この職場にいる限り、私の部下だ。その間は、私は君を守ることができる。裁判は、いつかは終わる。一生かかるわけじゃない。その先をどうやって生きていくんだ。君が辞めた瞬間から、私は君を守れなくなる。新日鐵という会社には、君を置いておくだけのキャパシティはある。勤務地もいろいろある。ここにいることがつらいなら、私は、君の新たな職場を探すこともできる。亡くなった奥さんも、ご両親も、君が仕事をつづけながら裁判を見守っていくことを望んでおられるんじゃないのか」

日高さんは、まっすぐ本村さんの目を見て、そう言ったのです。

「この辞表は預かっておく」

日高さんは、本村さんの返事が出る前にそう言うと、辞表をポケットに入れました。

「わかりました……」

本村さんは、自分の辞表がポケットにおさまるのを見ながら、そう答えました。

それは、本村さんにとって、本当に大きな出来事でした。

なぜなら、本村さんはその後、この理解ある上司のもと、エンジニアとして仕事をきちんとしながら、裁判とかかわり、「司法」とも、「社会」とも闘いつづけることができたからです。

本村さんは、あのとき、人生を踏み外す寸前だったと、今も思っています。

もし、あの苦しみと一時の迷いで会社を辞めていたら、一体、どうなっていただろう、と思うのです。

仕事もなく、ただ裁判で自分は自分の言いたいことだけを吠《ほ》えつづけていたのだろうか。

本村さんはそんな自分の姿を思ってみます。それをストップしてくれたのは、日高さんのこのひと言でした。

会社とは給料をもらうところだけではない。人と人とのつながりがあり、人は会社に守られ、社会に守られ、そして、人として多くのものに貢献していくものだと、本村さんは教えられたのです。

のちに本村さんは、仕事を通じて社会に関わることで、自尊心が回復し、社会人としての自覚も芽生《めば》え、その自負心から少しずつ「被害から回復していく」ことを実際に体験していきます。

言いかえれば、もし、会社という組織を通じての「社会とのつながり」がなくなり、一人だけ孤立していたら、「その後の本村さん」はなかったかもしれないのです。

それを痛烈なひと言で日高さんが教えてくれたのです。

日高さんは、ものづくりに限りない誇りを持っています。

私は、取材で日高さんにお会いしたとき、

「エンジニアとしての誇りとは何ですか」

と訊いたことがあります。そのとき、日高さんは迷わず、こう答えました。

「それは、真理をどこまでも追究することです」

社会の土台となる良質の「鉄」、あるいは「ステンレス」……等々をつくりつづける鉄鋼マン。エンジニアとしてのかぎりない誇りを私は感じました。

「いい品質の鉄をつくって世の中に貢献する」

そんな使命感と責任感を持つエンジニアたちの独特の世界を、私は知ったような気がします。

君は、社会人たれ。

それは、日本を引っ張ってきた重厚長大産業の現場を支えるエンジニアだからこその言葉だったかもしれません。

本村さんは、自分を支え、救った言葉として、この上司の言葉を真っ先に私に教えてくれました。

日高さんのこの言葉がなかったら、日本の司法そのものを変革していく本村さんの活動は、あるいは存在しなかったかもしれません。

一人の企業内のリーダーが、どんな態度で部下と接し、どう部下を導いていくか、日高さんが示したものは、本当に大きな意味を持っていたと思います。本義をまっとうできる人間に部下を育てていくことも、リーダーの本義と言えるのではないでしょうか。

日高さんが、預かっていた本村さんの辞表を「これ、もういいな」と言って、本村さんの目の前で破ったのは、それから一年以上のちのことでした。

二〇〇八年四月二十二日、本村さんは、広島高裁での差し戻し控訴審で、逆転の死刑判決を勝ち取りました。それは、事件発生からまる九年、およそ三千三百日を経てのことでした。

本村さんは、日高さんをはじめ、自分を支えてくれた多くの人々の善意や励ましによって、自らの信念を貫き通すことができたのです。

第九章

伝説の打撃コーチ「高畠導宏」の信念

中間管理職はどうあるべきか

中間管理職とは、いわば現場のリーダーにあたります。その「本義」を考えるとき、私はあるプロ野球の打撃コーチのことを思いだします。

「中間管理職」と「プロ野球のコーチ」という組み合わせは、一般にはあまりピンと来ないかもしれません。

しかし、「監督」という上司と、「選手」という社員たちの間に立つ中間管理職として「コーチ」を見た場合、さまざまな業種や組織に通じる普遍的な例として興味深いものになってきます。

三十年間にわたり、プロ野球の七球団で打撃コーチを務めた高畠《たかばたけ》導宏《みちひろ》さんという「中間管理職」は、卓越した力を持っていました。高畠さんを例にして中間管理職、もしくは現場リーダーの「本義」を考えてみたいと思います。

私が、『甲子園への遺言―伝説の打撃コーチ高畠導宏の生涯』という野球ノンフィクションを上梓したのは、二〇〇五（平成一七）年のことでした。

この本は、二〇〇八年一月から二月にかけて六回にわたって放映されたＮＨＫの土曜ドラマ『フルスイング』（主演・高橋克実）のもとになりました。

高畠さんは三十年間のコーチ生活のあと、高校教師に転身した人です。通信教育で教員免許をとって教壇に上がり、「甲子園制覇」を目指したのです。

福岡県の筑紫台《ちくしだい》高校の社会科教師になった高畠さんの〝華麗なる転身〟は、球界をあっと言わせました。

しかし、一年後、高畠さんは膵臓《すいぞう》がんが発覚。六十歳という若さで世を去りました。〝高さん〟こと高畠さんが私の大学（中央大学）の先輩でもあったことで、私は生前から交流がありました。

高さんは、投手の手首の腱《けん》に出る皺《しわ》や、グローブの微妙な角度から球種を読みとる天才であり、あらゆる創意工夫と洞察力によって、独特の練習法を編み出し、七球団で多くの名選手を育てました。

藤原満、落合博満、小久保裕紀、田口壮、イチロー……等々、名前を挙げ始めたらキリがありません。華やかなプロ野球の世界には、多くの裏方がいて、その力によって彼らスター選手がスポットライトを浴びているのです。

努力と精進を重ねて栄光を掴む選手と、それを陰で支える裏方たち――高さんはそういう華やかな世界を陰で支える人たちの代表といえると思います。

プロ野球のスター選手たちは、その高畠さんのことを、
「俺だけの高さん」
と、涙ながらに語ってくれました。彼らの話を聞くうちに、私はこの伝説の打撃コーチを、「人を教えるのではなく、育てた男」だったと思うようになりました。

なぜ、選手たちは高畠さんのことを「俺だけの高さん」と呼んだのでしょうか。

プロ野球の監督というのは、選手側から見た場合、理不尽な存在であることが多いことで知られています。

現役時代にそれなりに名が通ったスターでなければ、監督にはなかなかなれません。スター選手には、鼻もちならない人間が多いことはご承知のとおりです。そんな人物が監督になってチームを率いるとき、現場との間で、さまざまな軋轢《あつれき》が生じます。理不尽なことを選手に課そうとする監督も少なくありません。

そういうときに、選手にとって必ず「壁」になってくれたのが高畠コーチでした。指揮官である監督との間に立って、自分たちを守ってくれる存在、それが「高さん」だったのです。

高さんの生き方は、世の多くの中間管理職の人たち、つまり現場を指揮するリーダーたちに、ある種の勇気と感動、そして示唆を与えてくれるのではないかと思います。

この章では、多くのエピソードをお伝えしたいと思います。

まず、高畠さんのプロフィールを紹介しましょう。

高畠さんは、一九四四（昭和一九）年一月に岡山県に生まれました。岡山南高校で左のスラッガーとして「岡山南に高畠あり」と名を馳せ、社会人の丸善石油で一年プレーしたあと、中央大学に進学。野球部で、左右に打ち分ける強打者として活躍します。

一九六六（昭和四一）年のドラフト会議で巨人から五位指名を受けますが、これを拒否して日鉱日立に進み、社会人野球で活躍。ジャパンの中軸としてアジア選手権で優勝。翌年、南海から五位指名を受けてプロ入りします。

しかし、春季キャンプで左肩に大けがを負い、遠投ができなくなります。これは、外野手だった高畠さんにとって、致命傷でした。そのため、代打の切り札としての出場が続きますが、一九七二（昭和四七）年に現役を引退し、コーチとなります。

このとき、わずか二十七歳。コーチになるために生まれてきたような男、それが高畠さんでした。

相手のクセを読む

当時の日本のプロ野球は、〝ドジャース戦法〟を駆使したセ・リーグの巨人、〝シンキングベースボール〟と称されたパ・リーグの南海が、球界の頂点を形成していました。

ドジャース戦法とシンキングベースボールは、いずれもデータと戦略を重視する、合理的な「頭脳野球」を基本としています。しかし、そこから一歩進んで「諜報野球」の要素も伴っていました。

相手のサインを観客席から双眼鏡で読んで、それをベンチや選手に伝えるというのは当たり前で、なかには、本拠地のビジター用ベンチ（三塁側）に盗聴器まで仕掛けて試合をおこなうことも珍しくありませんでした。そこで相手方がどんな作戦を立てているのか、盗み聞きするのです。

ときには、ピッチャーとキャッチャーがマウンドで話し合っている唇を読んで（読唇術）まで相手の配球や作戦を知ろうとしました。そのために、実際に読唇術の教室に通い、これをマスターしたコーチもいたほどです。

南海のシンキングベースボールは、まさにその諜報野球の最先端を走っていたと言えます。

南海には、日本で最初のスコアラーと言われる、尾張久次《おわりひさつぐ》というデータ野球の先駆者もいました。そして、のちにＩＤ野球と名づけられる高度な野球を駆使した野村克也捕手、さらには、アメリカの頭脳野球を日本に持ち込み、選手としても、また監督としても、活躍したドン・ブレイザーもいました。

高畠さんが、あらゆる力を持った打撃コーチとしてその後、三十年間も務めることができたのは、この時代の南海ホークスに身を置いていたことが最も大きかったでしょう。高畠さんが野球の奥深さを知っていくには、南海は、格好の球団でした。

データに基づいて「サインを読む」、あるいは、次の球を「予測する」という野球では、おそらく南海が日本球界では当時、抜きん出ていたでしょう。

やがて、高畠さんは、相手投手のピッチング・モーションでのクセをことごとく読み、「次の球種」をぴたりと当ててしまう恐ろしいコーチになっていきました。

高畠コーチがベンチから出てきて、打者になにか耳打ちすると、自分のモーションのクセを見抜かれたのかと思い、それだけで調子を崩す相手投手もいたほどでした。

高畠さんは、それぞれの特徴や攻略法を記した「高畠ノート」を沢山残しています。

ピッチャーのクセは、敵・味方を問わず、鋭く指摘しています。極秘メモには、こんなピッチャーたちの分析が載っています。
例えば、ロッテの投手陣ならこういう具合です。

牛島

手の振りにまどわされない
ストライクゾーンを上にセットする。低目のボール球をいかに打たすか。それにひっかからない
本人が最も自信をもっているのはスライダー
・左は外のシュート狙い、おそい球はひっぱり込んで思い切りひっぱる
・右はスライダー狙いでよい
・迷ったとき、カーブから入ってくる
外野フライ1点のケース　内シュート狙い
ストレートはつづかない
遅い球のタイミング

伊良部

ワインドアップ　頭の上で、手首が見えるとストレート、かくれるとカーブフォーク
セット　フォークは反動なくスッと入る。グラブも開く
ケンセイ　軸足が2度踏みする　大きく入る
ストレート狙い　カウントをとりにくるときのストレートは力がない
変化球（カーブ）ストライクになるとつづく
バントは3塁側有好

荘

右打者　クロスしてくるのでいつもより投手に正対する。外が速く見えるし、腰がひける原因になる
完全な両サイドゆさぶりの投手
一方を捨てる
※ランナーなし　外狙い　内を捨てる勇気、ゲッツー儀飛のケースシュート狙い
外で誘ってシュートというパターン
ワインドアップ　カーブ上からかつぐ

フォーク　ベルトの前でグラブ開く
ランナー2塁でランナー見て入ったときシュート

園川
ワインドアップ　頭の上で深いカーブ
　　　フォークはサインを見終ったあと両ワキがはる
セット　二段に下から入る。ベルトより上
　フォークはすぐ入る
　高く入って変化球なし、いい当りをすると反対の球
スライダー主体の投手に対して、下半身始動が絶対、上半身が先行するとつまる
目切りが早くならない
その日その日工夫する。徹底して右を狙うのも1つの方法
二段に入る
首振ってストレート2回

河本

セット　大きく入って　ケンセイ
球にぎりなおして
セットになるとスピードおちる

対戦チームの打者にとって、こんな垂涎《すいぜん》の情報が高畠ノートには満載されています。高畠さんは、南海、ロッテ、ヤクルト、ダイエー、中日、オリックス、千葉ロッテという七球団で打撃コーチを務めています。セ・リーグが二球団、パ・リーグが五球団です。

その中で、自軍の投手陣をはじめ、あらゆる投手を分析し、そのクセを頭に入れていただけでなく、ノートにもメモとして残していたのです。それにしても、

〈迷ったとき、カーブから入ってくる〉
〈手首が見えるとストレート、かくれるとカーブフォーク〉
〈変化球（カーブ）ストライクになるとつづく〉
〈完全な両サイドゆさぶりの投手　一方を捨てる〉
〈フォーク　ベルトの前でグラブ開く〉

〈フォークはサインを見終ったあと両ワキがはる〉

……などの記述は、相手投手にしてみれば、

「そこまで俺のクセがバレていたのか」

と、思わず唸ってしまうようなものではないでしょうか。

いや、このノートの記述を見て、初めて自分のクセに気づく投手もいるに違いありません。

これらの情報を逐一、選手たちに伝えていたとしたら、そのチームのバッターは、どれだけ高畠さんに助けられていたか知れません。

弟子たちが語る「高畠像」

さて、本題に入りましょう。高畠さんは、そういう技術や戦略にかかわることだけでなく、独特の存在感をチームの中で持ちつづけたコーチでした。

それこそ、いわば現場のリーダーにあたる中間管理職の「本義」を発揮したと言われる所以です。

前述のようにコーチとは、「監督」という上司と、「選手」という社員たちの間に立っている存在です。

サラリーマン社会でいえば、高畠さんは、最前線で戦う営業マンを管理し、励ます、営業課長のようなものです。この課長さんは、営業マンにやる気を起こさせ、夢を与え、そして自らが上司との間に立って責任を取り、現場の営業マンたちに思いっきり仕事をさせてきました。

営業マンを「預かり」、上司との間に立って「責任を取り」つづけるのは、簡単なようで本当に難しいことです。

上司、すなわち監督の能力が劣っていたり、見る目がなかった場合は、なおさらです。しかし、高さんはどんな場合でも、三十年にわたってその姿勢を失うことがありませんでした。

高さんが監督との間の「壁」になってくれたことで、「十七年」もの長きにわたる選手生活を送ることができた人がいます。

一九七〇年代から八〇年代のロッテの遊撃手として活躍した水上善雄《みずかみよしお》さんです。

「自分こそ高さんの一番弟子」

そう自任している水上さんは、現役を退いたあとも日本ハムやソフトバンクで、コーチや二軍監督を歴任し、今も〝高さんの弟子〟として活躍しています。

「高さんがいなければ現役をつづけることができなかっただろう、という意味では、本当に私が〝一番弟子〟だと思うんですよ」

と、水上さんはこんな話を私にしてくれました。

「あれは昭和五十四（一九七九）年の秋だったと思います。高さんから、マン・ツー・マンで教えてもらうようになったんです。それまでは、私は、代走だったり、守備だけだったり、あるいは先発させてもらっても五回ぐらいまでくると交代させられるという感じの、ただ試合に出ているだけの選手だったんですね。まあ、四、五年で引退しなければいけないぐらいの選手だったわけです」

そのとき水上選手は高畠コーチから、

「おまえ、なんでもかんでもボールを追ってるだろ？」

そんな声をかけられたそうです。

水上さんはこう述懐します。

「たしかに当時の僕は、ストレートでもカーブでも、全投球を打ちにいっていました。高さんはベンチから見ていて、それがわかっていたわけです。僕は高さんにそう言われて、当然、ハイと答えたんですが、そうしたら、それじゃ（おまえは）打てんわ、と高さんは言うんです。僕のバッティング技術や力量を高さんはすでに見抜いていて、あっさりとそう言われました。そして、どうだ、おまえ、ヤマ張ってみるか？　と、たたみかけられたんです」

水上さんは、それまで、真っすぐが来て、たまたま打ち返せました、カーブが来て、たまたま調子がいいから打ち返せました、と、そんな野球をやっていたそうです。しかし、シーズンが終わると打率は結局、一割台、というありさまでした。

「そんな僕に、高さんはそれまでとまったく違う野球を教えてくれたんです。最初の頃は、本当に〝ヤマ張り〟ですよ。この打席でカーブを狙っていこう、と決めたら、ほかの球種はすべて除く、ってやつです。僕は、球種さえわかれば、打つ自信はあったんです。しかし、カーブを狙ってて、ど真ん中のストレートで三振でもしようものなら、これ以上ぶざまな姿はありませんよね。でも高さんは、よしよし、それでいいと言ってくれる。〝おまえ、カーブ狙ってたんやな？〟という感じです。これはありがたかったですね。高さんが、責任を持って僕を〝預かって〟くれたわけです。選手にとってこんなありがたいことはありませんよ」

普通なら、ど真ん中のストレートを見逃して三振、などというのは、プロの打者には、許されないことです。

「そんなぶざまな三振をしたら、ふつうの監督なら、なんてやつだ、交代だ、となるじゃないですか。でも、高さんが責任を持って、いや、こいつは今、こういう取り組みをさせています、今のでいいんですと、きちんと監督に言ってくれるんです。だから、ビクビクすることなく、堂々とこのやり方を試すことができました。監督との間の〝壁〟になってくれていたわけです。

それから、高さんに教えてもらって、ヤマ張りではなく、だんだん相手投手のクセや配球から球種を読んで打つようになっていったんです。あれだけすごいと思っていた世界に対して、自分でもいける、という思いに変わっていきました。本来は、四、五年で終わる選手が、高さんのおかげで、十七年もプロで現役をつづけられたんです。その意味では、本当に僕こそ、高さんの〝一番弟子〟と言えると思いますよ」

こんなふうに「自分こそ高さんの一番弟子」と胸をはる往年の名選手は少なくありませんが、水上さんの実体験は、貴重なものだと思います。

「僕にとって、高畠さんは特別な人でした」

そう語るのは、千葉ロッテや読売巨人軍で、いぶし銀の打撃を披露しつづけるサブロー選手です。二〇一二年に古巣の千葉ロッテに戻ったサブロー選手は、さらにベテランらしい巧打を見せてくれています。

「技術的な面でも、メンタルな面でも、僕にとって高畠さんの支えは大きかったです。普通のコーチはなんでも直したがるのに、高畠さんは、ああ、そんなん変える必要ないと、そのままなんです。でも、僕の方が直したくて相談に行くと、答えを出してくれる。

僕のフォームは肩が入ってしまうクセがあり、構えていて苦しいときがありました。それを相談したら、高畠さんは、じゃあ、左肩を開いてショートの位置にセットしてみようか、というんです。その通りにしたら、構えが楽になって、不思議なことに次の打席で打てたんです。

高畠さんは、構えを大事にしなさい、という人ですから、僕の構えでチェックするところを掴んでくれていました。僕の場合、肩と背筋だそうです。背筋を伸ばして構える僕のフォームがおかしくなってくると、高畠さんは、おーい、（背筋が）曲がってきたぞーって、すぐ教えてくれるんです。だから、僕の方もどこか変になってきたなと思ったら、高畠さんに相談するようになっていました」

サブロー選手は、遠征で福岡に行くたびに、コーチを辞めて高校教師に転身していた高さんと食事を共にし、いろいろ相談に乗ってもらっていたといいます。

師弟の関係の深さと、信頼の大きさが窺えます。

高さんが亡くなる二週間前にも、サブロー選手は、高さんを見舞い、バッティングに関するアドバイスをもらったそうです。

私は、選手たちの取材をつづけるうちに、高畠さんがコーチとしての自分の「本義」をどう考えていたのか、次第にわかってくるような気がしました。

それは、高さんが口ぐせにした言葉を拾ってみると、浮き彫りになります。

私は、高畠さんの未亡人である聡子さんから、高さんが生前、書き残していたノートをお借りしています。

その「高畠ノート」には、たくさんの言葉やデータが記されていました。それをひもときながら、中間管理職、現場リーダーの「本義」に迫ってみたいと思います。

第十章

「高畠語録」は何を伝えるのか

残された「高畠ノート」の名言

選手を指導するために、あるいは、講演等を頼まれたときに話す材料として、高さんは、ノートに興味深い言葉を記しています。いわば「高畠語録」です。

私は、高畠ノートにある数多くの語録を「３つ」に分類してみました。

これは高畠さんが分けたものではなく、私の分類です。高畠ノートを読み込んでいるうちに、その語録の中に、

（１）それぞれが成長するために役立つもの

（２）リーダーの心得と、人を育てるために必要なもの

（３）生活面、あるいは人生を歩んでいく上で重要なもの

以上の「３つ」があることに気がついたのです。

それぞれを（１）成長篇　（２）指導者篇　（３）人生・生活篇　と名づけ、紹介したいと思います。

まずは、「成長篇」です。それぞれが「成長するため」に高畠さんが、どんな名言を残しているか、ご注目ください。

(1) 成長篇

○平凡の繰り返しが非凡になる
○才能とは諦めないこと
○絶望とは愚か者の結論である
○何かひとつ、ものにせよ
○人が成功する上で、必ず経験しなければならない失敗がある
○失敗とは隠すものではない
○限界に打ちのめされたことのない人間に可能性は見えない
○まず試してみる。試して変わる。変わることが進歩上達につながる
○やるべきことはその日のうちに必ずやってしまう
○「これしかない」と思ったら集中する
○シャーナイとオモロイを繰り返し終わりまでこぎつける
○「次に何やるの」から「私これやりたい」へ

○本当のプロの闘いは「限界」から始まる
○大きな夢を叶えるために小さな夢を積み重ねる
○目的がエネルギーを生む。だから目的意識を持とう
○若い臨界期に汗をかこう。この時期を逃すと汗が涙に変わってしまう
○氣力は生きる目的に向かって拍車をかけてくれる
○氣力は反復によって本物になる
○感動することは向上心につながる
○運は練《ね》って待て
○運は開くもの
○運のせいにしない
○継続は力なり

高さんは、選手を成長させるために、さまざまな工夫をおこないました。選手は誰でも「夢」をもって球界に入ってきているのです。高さんはその選手の「夢」を叶えさせるために、七転八倒しながら、自分自身がどうしたらいいかを考えつづけた人です。

そこから絞り出されてきた「言葉」は、やはり含蓄《がんちく》があり、なにより説得力があります。特に最初の3つは、高さんの独特の思考が見事に表われています。

〈平凡の繰り返しが非凡になる〉

〈才能とは諦めないこと〉

〈絶望とは愚か者の結論である〉

プロ野球の選手になるという目標が叶ったとき、誰でもきっと自分は才能に恵まれたひとにぎりの人間なのだという高揚感を味わうことでしょう。ところが入団してみれば、周りはすべてがプロ野球の選手です。そこではじめて、自分には才能がないと感じてしまったときに、「夢」はもう手放すべきものとなるのでしょうか。

ところが、高さんは、「非凡」とは「平凡」の繰り返しの末に生まれるものであり、「才能」とは「諦めないこと」であると強調しています。

そして、壁にぶち当たって絶望することを「愚か者の結論」と指摘しています。

結果を出すことのできない選手であっても、けっして努力していないわけではないのです。しかし努力をしていても何もかも周りより劣っているように思えてきて、さらに失敗をくり返す自分を人目にさらすことが耐えられなくなるときがあるのです。

そこで、

〈何かひとつ、ものにせよ〉

〈人が成功する上で、必ず経験しなければならない失敗がある〉

〈失敗とは隠すものではない〉

〈まず試してみる。試して変わる。変わることが進歩上達につながる〉

〈やるべきことはその日のうちに必ずやってしまう〉

〈「これしかない」と思ったら集中する〉

という言葉のひとつひとつが、腑《ふ》に落ちてくるのではないでしょうか。

この言葉でわかるように高さんは、「失敗」というものを非常に重視していました。高さんは、「失敗」をマイナスとして捉えていません。

むしろ「成功」のためには、不可欠なものだと考えていたことがわかります。

「失敗」とは隠すものではなく、「まず試してみる」ことだ、と書いています。「試して変わる」、そして「変わること」ができれば、それが「進歩」「上達」につながることを指摘しています。

選手を成長させるための不可欠な要素が「失敗」であり、それをもとに「変わる」ことだと言うのです。

高畠ノートには、言葉だけでなく文章も載っています。その中で最も興味深いのは、高さんがわざわざ、

「成功した選手の共通点」

という項を設けていたことです。

そこには、こんな文章があります。

〈聴く耳を持つ、興味を持つ

これがなくなるとユニホームを脱ぐ時だ。

依怙地《いこじ》や偏屈は成長の敵になる。自分の力を正確に把握できていないため、何でもやれるような錯覚に陥ってしまう。

我《が》を通そうとするのである。

闘志は悪くない。おとなしすぎるよりは前向きでよい。

しかし肝じんなのは、素直さがあるかどうかだ。

素直さ

この素直さが非常に大切。順調にのびてきているときに「そんなことはわかってい

る」素直になれないときがある。こうなると技がとまる。
「あっいけない、これではだめだ」
と自分で気がつくこと。
人の話が聴けないということは「うぬぼれ」
人の話が聴けるということは「素直になれる」ということ。
これは考えるということにつながる。

考える
考え方がしっかりしている
しっかりした考え方をもつ
○考えてからやる
○考えながらやる
○終ってから考える
○何も考えない
好奇心からくる
毎日、ものを考える習慣を身につける

常に問題意識をもつ、異質の知識経験をもつ
「なぜ」を追求してゆける。継続につながる。

練習は単純な作業の繰り返し。これを、持続するには考えながらやるしかない。
変化球凡打した　快打した。なぜ
内角球のストレートにつまってしまう。なぜ

1つのことを忍耐強くコツコツとやる。そこに工夫が生まれ新しい発見がある。
常に強い自分の意志で自分を自己暗示にかけて弱点を克服してゆく。
このコツコツやる実行力というのは自分の意志の強いか弱いかで決まる。
正しい努力、ムダな努力をしない〉

きっと高さんは、成功した選手たちを思い浮かべ、この部分を書いたに違いありません。

高さんを「営業課長」と考え、選手を「営業マン」と考えれば、非常にわかりやすいと思います。

「聴く耳を持つこと、興味を持つこと」「素直であること」「考えること」

たしかに、それは、有能な営業マン、できる部下には、すべて当てはまっていることでしょう。

では、いよいよ「指導者篇」に入っていきましょう。

これは、企業においては、中間管理職、すなわち中間のリーダーには、大変示唆に富むことが書かれています。

まず、すべてを列挙してみます。

(2) 指導者篇

○すべての石に価値がある。しかし、見る目がなければただの石
○100人には100の独自の才能がある
○未知による失敗は忌み嫌うものではなく最上の糧
○失敗した瞬間にその人の中に新しい知識を受け入れる素地ができる
○自分に頼ってくる人に感ずるものがあれば、力になってやりなさい
○本を読む「リーダー」から、指導者「リーダー」になる

○なくしたものは勘定しない。残っているものを120パーセント活用する
○リーダーは常に十分なシミュレーションをし、すべての状況に対処可能とすべし
○真ベテランと偽ベテランがいる
○九つほめてあとの一つは一段上のレベルにトライさせる
○叱るときはその人にあう言葉を探す
○メモは必ず役に立つ
○常識に囚《とら》われない
○必要性に裏打ちされた積極的なヤル気でないと本当のヤル気とは言えない
○コーチの仕事は「教えないこと」
○手取り足取り、いいコーチは場合によってはマイナス
○念ずれば花ひらく
○希望は光、向上心もまた光
○人から光を与えられなくとも自ら光を持つことは難しいことではない
○手の記憶を通して勘を会得《えとく》する

中間管理職として、上層部との狭間で「現場」を仕切る人にとっては、大変参考に

なる言葉が並んでいるのではないでしょうか。

私は、最初の〈すべての石に価値がある。しかし、見る目がなければただの石〉という言葉に強烈な印象を持ちました。

すべての人材に「価値」があるのに、それを見る目がない上司（プロ野球の場合はコーチ）にかかれば、「ただの石」で終わってしまうことを高さんは語っているのです。

それは、二つ目の〈100人には100の独自の才能がある〉という別の言葉でもわかります。高さんは、世の多くのリーダーたちに、

「あなたには、それを見て取るだけの〝目〟がありますか？」

「あなたは、その地位にいることがふさわしいと思っていますか？」

そう問いかけているような気がします。

リーダーには、やはり「人を見る目」と「精進」が必要であることを高さんは語っているのです。


次は、成長篇でも出てきた「失敗」について、です。

先ほど、人が「成功」するためには、「失敗」が必要である、と言いました。——ところが、もし、「失敗」の段階で、上司がこれを咎《とが》め、「成功」への元を断ってしま

ったら、どうでしょうか。

私は、むしろ「そんな上司のほうが多い」のではないか、と思います。部下が「失敗すること」は、むしろ「チャンス」と捉えるべきなのに、それを理解できていない中間管理職が多いのだと思います。

高さんは、そういうリーダー（コーチ）に苛立たしい思いを抱いていたのかもしれません。高さんは指導者にも「失敗」を大切にすることの必要性を説いています。


〈未知による失敗は忌み嫌うものではなく最上の糧〉

〈失敗した瞬間にその人の中に新しい知識を受け入れる素地ができる〉

〈限界に打ちのめされたことのない人間に可能性は見えない〉

世の中のリーダーすべてに理解して欲しい言葉だと思います。部下の失敗を自分のチームの汚点のように感じてはいけません。ましてや自分の顔に泥を塗ったと責めるなどもってのほかです。部下のおかした失敗はあなた自身がもたらした失敗でもあり、部下もあなたも共に成長し、新たな可能性を広げる糧《かて》となるはずなのです。
ほかにも、私は、
〈九つほめてあとの一つは一段上のレベルにトライさせる〉

という言葉が印象的でした。

なぜなら、高さんは、選手を〝褒《ほ》めて〟〝褒めて〟〝褒めまくる〟コーチだったからです。日本のコーチは、短所を指摘して、それを矯正させるのが仕事だ、と思っている人がほとんどです。

しかし、欠点を克服するのは、指摘されたからと言って簡単にできるものではありません。高さんは、これを〝褒めて〟〝褒めて〟〝褒めまくって〟長所を伸ばし、気がつくと「欠点が克服されている」という方策をとったコーチでした。

褒めて自信をつけさせ、そして、そのうえで新たなチャレンジをさせる――これを一般企業に置き換えてみたら、どうでしょうか。

部下にやる気を起こさせ、さらに、もっと高い水準のものに挑戦させるには、まさに〈九つほめてあとの一つは一段上のレベルにトライさせる〉ことが一番、効果が高いのではないでしょうか。そして、部下それぞれにあった「あとの一つ」の見極《みきわ》めができるかどうかで、あなたのリーダーとしての資質が問われることにもなるでしょう。

また、

〈リーダーは常に十分なシミュレーションをし、すべての状況に対処可能とすべし〉

というのは、リーダーにとって「基本中の基本」です。さまざまなことを述べたうえでのこの言葉ですから、すんなりと腑に落ちる気がします。

また、高さんの特徴は、常に相手の側から「指導」を考えていたことにあります。言いかえれば、人間としての個人のプライド、尊厳を大切にして指導していたということです。それが、

〈叱るときはその人にあう言葉を探す〉

という言葉に表われています。これは、中間管理職にかぎらず、部下を持つリーダーにとって非常に重要なことです。

「叱る」ということは、人間にとって大きな意味を持ちます。ひとつ間違えれば、相手を傷つけたり、あるいは、ヤル気を削《そ》いでしまうことにつながります。

部下のヤル気を削いでしまったら、元も子もありません。しかし、いっさい叱らず、相手を甘やかしても、その人のためになりません。そこで重要なのが、〈その人にあう言葉〉なのです。

高さんは三十年間、その選手に〈あう言葉〉を探して、叱っていたコーチでした。

前章で述べたように、多くのスター選手たちが、高畠コーチのことを「俺だけの高さん」と表現していたことがわかるような気がします。

自分の個人的な事情にぴったりあてはまる言葉を投げかけてくれた高畠さんの指導

を、自分だけに特別になされた貴重な心遣《づか》いであると選手が感じたということでしょう。しかも実際には多くの選手たちが、です。

企業戦士たちを率いるリーダーたちに是非、参考にして欲しいと思います。

また、高さんが、

〈手取り足取り、いいコーチは場合によってはマイナス〉

〈コーチの仕事は「教えないこと」〉

と言っていることも注目に値します。

高さんは、優しい眼差《まなざ》しと共に、非常に冷静で厳しい視線を持っているコーチでした。

いくらさまざまなことを教えても、相手に聞く姿勢がなければ、なんの効果も得られないことを長い経験で知っています。

コーチの仕事は「教えないこと」である、という境地に高さんが達したのは、コーチ人生の晩年であることを生前の高さん自身の口から私は聞いたことがあります。

長年、コーチをやっていれば、しかも、高さんほどのレベルに達したコーチは、選手のどこをどう修正し、どこを伸ばしていけばいいのか、たちどころにわかります。

しかし、それを真っ正直にやっても、相手に聞く気がなければ、まったく無意味なのです。

そのとき高さんはどうしたのか。

その答えを聞いたときは、私もびっくりしました。要するに「教えない」のです。いや、正確に言えば、「教えることを我慢する」のです。

「こうやれば今のスランプを脱せられるのに……」

そうわかっていても、それを選手に「教えない」、すなわち「我慢する」ということは、コーチにとって「苦しい」ことです。しかし、敢えて高さんは、その方法を取りました。

それは、選手本人が悩みに悩み、心から教えを求めてきたときの〝吸収度〟と、そうでないときの「差」があまりに大きいからです。

そして、そこまで達していない段階で、「答えを教えてしまう」ことは、選手にとってマイナス以外のなにものでもない、というのです。

次に似たようなスランプに陥ったときに、その選手は、また自分の力で脱することができず、同じように誰かに助けを求めなければならなくなってしまいます。

コーチの仕事は「教えない」こと。すなわち、「我慢する」ことにあるというのは、三十年もコーチ業に徹した高さんならではの到達点だったのでしょう。

そして、選手が心から「助け」を求めてきたとき、その吸収のすごさは驚くほどなのだそうです。

〈念ずれば花ひらく〉

〈希望は光、向上心もまた光〉

という言葉にも、必死で向上しようとする選手の気持ちこそ重要なのだ、という高さんのメッセージが表われています。

世の中間管理職も、すぐ「答え」を与えず、これを我慢する必要性を知るべきかもしれません。

高畠語録には、現場のリーダーが、どう部下を導いていくか、その基本が隠されているような気がします。

最後の「人生・生活篇」にも、印象的な言葉が並んでいます。まず、そのすべてを見てみましょう。

(3) 人生・生活篇

○人間としてもっとも基本的なことは礼儀
○親の愛、家族の愛、友の愛、師弟の愛─愛が素晴らしいのは無償だから
○学ぶことは生きとし生けるものにとって最も重要な行為である
○生命力は夢と連動している
○貪欲とはあと一歩の努力
○人の話が聞けるうちは進歩している
○氣力こそ人生の原動力である
○限りある人生を有意義なものにするのが、他ならぬ氣力である
○毎日ものを考える習慣を身につける
○覚悟にまさる決断なし
○心は色も形もなく自由自在
○運命と宿命とは同じではない
○人間にも縦糸と横糸が求められる
○笑って暮らすも一生、泣いて暮らすも一生
○人間には二つの財産がある　時と言葉
○依怙地や偏屈は成長の敵

○他人の為に一生懸命になれること　子供がそんな生き方のできる社会はすばらしい
○あと一歩の努力をするかしないかで人生が決まる
○何かを学ぶこと、生きていく力を身につけることは本能に属している
○この世の中は想像力で成り立っている
○人はやれなかったのか、やらなかったのか二つに一つ
○知る者は言わず、言う者は知らず
○自分の思ったように年はとれない
○「死とは何か」を知っているだけでも強くなれる
○辿りきていまだ山麓

いかがでしょうか。それぞれに解説を加えなくても、うーんと唸らされる、それぞれに深い意味がある言葉が並んでいます。

高さんは、「礼儀」を重んじた指導者ですから、〈人間としてもっとも基本的なことは礼儀〉という言葉はよくわかります。

そして、〈親の愛、家族の愛、友の愛、師弟の愛―愛が素晴らしいのは無償だか

ら〉というのも、いかにも高さんらしいと言えます。

また、〈学ぶことは生きとし生けるものにとって最も重要な行為である〉というのも、「学び」を重視し、最後は、高校の教壇に立った高さんならではの含蓄を感じます。

なかでも、私には、〈覚悟にまさる決断なし〉という言葉が素晴らしいと思います。この短い言葉には、高さんの人生そのものが表わされているからです。

高さんは、三十年間にわたってプロ野球七球団で打撃コーチをした人です。コーチの契約は、「一年ごと」の更新です。

雇用が安定しているサラリーマンとは、そこが決定的に違います。多くのコーチが、球団フロントや監督に「迎合」してしまうのは、そのためです。上に逆わずに扱いやすいコーチでいたほうが、来期の契約の可能性も高いと考えるのも無理はありません。しかし、高さんは、選手の壁になって、監督と対峙《たいじ》した人です。常に選手の夢の実現のために、力を尽くしました。

いろいろな場面で、高さんは「覚悟」を重視した人です。

選手の側に立ち、監督と対峙すること自体に「覚悟」が必要です。一年ごとの契約なら尚更です。

〈覚悟にまさる決断なし〉には、そういう高さんの心構えも表わされているのです。それは、〈氣力こそ人生の原動力である〉という言葉でも、わかると思います。

高さんは、「氣力」を重んじました。しかも、氣力の気（きがまえ）の中は「米」という字です。高さんは、必ず「氣力」と書きました。

懸命に生きる人、懸命に努力する人が大好きで、その人のためならさまざまなものを擲《なげう》って力になってくれたのが、高さんです。

〈笑って暮らすも一生、泣いて暮らすも一生〉

〈あと一歩の努力をするかしないかで人生が決まる〉

〈人はやれなかったのか、やらなかったのか二つに一つ〉

高さんの言葉からは、「がんばれ！　自らの人生を素晴らしいものにするために」というエールが聞こえてくるようです。

そして、これらの言葉の中で、最も気になるのは、〈人間には二つの財産がある時と言葉〉というものです。

人間にとって「二つの財産」が、「時と言葉」であるというのは、なかなか言えるものではありません。

高畠ノートには、「時と言葉」に対して、こんなメモが残されています。

〈◎人間には2つの財産がある
時と言葉
◎時は老人だろうと若人であろうと万人等しく与えられている。
人に貸したり、借りたりすることはできない。
使い方しだいでどうにでもなる。本人しだい。
意識的にやることが大切。
◎言葉
困ったと思ったら氣力ではね返す。なにくそ!!
よーしやったるで!!
どんなことがあっても消極的な言葉は口にしない。前向きの言葉〉

これは、数多くの弟子を育てた高さんの考えが凝縮されたものです。

高さんは、「時」と「言葉」を生涯にわたって大切にした人です。夢を追う若者が大好きで、その人に伝える「言葉」を考えに考えて発してきました。そして、わずか「六十年」の生涯を走り切ったのです。

多くの若者の力となり、夢の実現に命をかけた人――それが、高さんでした。自らの人生を必死に生きた高さんにしても、最後に、

〈辿りきていまだ山麓〉

という言葉を記しています。

志なかばに世を去った伝説の打撃コーチ高畠導宏――私は今、高さんが遺《のこ》した〈辿りきていまだ山麓〉という言葉の意味の重さをあらためて考えています。

第十一章

上杉謙信はなぜ変わったのか

戦国最強武将の出奔《しゅっぽん》

戦国時代最強の武将はだれか。

そんな問いに、返ってくる答えで最も多いのは、「上杉謙信」だそうです。そして、歴史に詳しい人ほどその傾向は強いそうです。

電光石火の攻撃を得意とし、毘沙門天《びしゃもんてん》の化身と恐れられた男。そして、越後の守護大名にして関東管領。それが、上杉謙信です。

私は、一国を率いるリーダーであるその謙信が、ある「境地」に達するまでに、いかに苦労した人間であるかについて、大きな興味を抱いてきました。

というのも、謙信は自身の行動の中心に「義」を据《す》えて戦さをつづけた人だったからです。しかし、二十七歳の頃、部下たちの土地争いをはじめとする〝内輪もめ〟に嫌気が差し、家来の前から姿を消して、「出奔」してしまったことがあるのです。

義を重んじ、軍神とさえ称されたあの戦国最強の武将が〝職場放棄〟し、部下の前から姿を晦《くら》ますなどという出来事があったことに「信じられない」という方もいるでしょう。

一体、なぜそんなことが起こったのでしょうか。

さまざまな悩みを抱える現代のリーダーに、なにがしかの参考になるものはないかと思い、この章では、謙信について、書いてみたいと思います。

ちなみに謙信は、十四歳までは「虎千代」、それから二十二歳までは「景虎」、その後も、「政虎」、「輝虎」を名乗り、四十一歳から「謙信」を名乗っていますが、ここでは便宜的に「謙信」で統一することにします。

越後家臣団のなかで内部抗争が頻発し、甲斐の武田信玄との戦いは膠着状態に陥り、謙信（当時は長尾景虎）が、次第に焦燥を強めていくのは、二十代の半ばを過ぎてのことです。

十九歳のときに、長尾家を相続して越後の守護代となり、以後、戦さに明け暮れてきた謙信でしたが、それは、人生で克服しなければならない課題だったと思います。

若きリーダーが、「義」の理想を掲げて猪突猛進のごとく走る中で、家臣との関係が次第にぎくしゃくしてくるのは、不思議ではありません。

越後家臣団の抗争は、深刻なものでした。越後の国でも有力武将だった刈羽《かりわ》郡の北《きた》条《じょう》高広《たかひろ》が最大の敵・武田信玄と通じて離反したり、同じく中条氏や黒川氏といった有力な家来の間に土地争いが始まり、上野家と下平家の間にも領地争いが起こってしまいます。

家来の間に反目と対立が広まっていくことに悩み抜いた謙信は、ついに政務を放棄してしまうのです。記録によれば、一五五六（弘治二）年六月、二十七歳の謙信は春日山城を出奔しています。

目指した先は、高野山です。

驚いたのは、残された越後の家臣団のほうでした。家臣のなかには、「利」のためではなく、「義」のために戦さをつづける主君に対して、心の中で反発していた者もたしかにいたでしょう。

戦さとは言うまでもなく「命のやりとり」ですから、土地と共に生きている中世武士団にとっては、「義」のために戦いつづけるのは、やはり苦悩が伴います。謙信の家臣団といえども、例外ではありませんでした。

「利」をめぐる争いが生じてくるのは武家社会では必然なのですが、まさか主君が「職場」から消えてしまうことなど、家臣は誰も予想していなかったのです。

しかも、甲斐の武田信玄と睨《にら》み合い、その侵攻を許さないのは、〝若き鬼神〟謙信がいてのことであることは、家臣団にはわかっています。

仰天した家臣団が、必死で探索し、出奔した謙信に大和の国でやっと会うことができき、越後に戻るよう懇願したのは、出奔からふた月も経ってからのことでした。

「景虎殿、出奔」

その情報が他国に洩れることは、まさに越後の命運を左右するほどの危機だったと言えるでしょう。

「以後は謹んで臣従し二心《ふたごころ》を抱かず」

差し出されたこの「誓紙」と、家臣団の命をかけた「懇願」によって、謙信は越後への帰国を受け入れます。

果たして、謙信のこの行動はどう捉えればいいのでしょうか。

義を重んじる直情径行の武将が家臣に愛想を尽かして職場放棄した、と見るべきか、それとも、乱れる家臣団の心をひとつにするために乾坤一擲《けんこんいってき》の大勝負に出た、と見るべきなのか、今となってはそれを知る術《すべ》がありません。

私は謙信が出奔を決意したのは、一国を率いるリーダーの悩みが「いかに大きかったか」を意味するものであったことは間違いないと思います。

いま多くのリーダーが、さまざまな悩みを抱えています。それと同じ、いやそれ以上の苦悩が謙信を取り巻いていたと思うのです。

一国を率いるリーダーの苦悩と、謙信がこれをどう克服したのかを見てみたいと思います。

謙信は何を悩んでいたのか

江戸時代の寛保二（一七四二）年に著わされた『日本洞上《とうじょう》聯灯録《れんとうろく》』には、謙信にまつわる興味深い伝承が記されています。

この本は、全十二巻におよぶ曹洞宗の「僧侶列伝」です。開祖・道元《どうげん》をふくむ七百人以上の伝記がまとめられており、その中に上杉謙信のエピソードが登場するのです。

上杉家側からの史料もありますが、謙信が師事した禅僧側からの記録だけに、遠慮のない非常におもしろい内容になっています。

そこには、林泉寺の住職、宗謙《そうけん》禅師と謙信のことが漢文でこう書かれてあります。

〈永禄歳上京師謁大元帥義輝源公。公命掌管領職。領北陸數州。暇日延諸山禪將。諮詢心要。士自以爲得。由是自負。到處數資談柄。聞林泉益翁謙禪師機鋒不可觸。士擬抑之。即微服到山。隨衆入室。翁擧達磨見武帝公案衆下語法戰交鋒。翁顧士曰。達磨不識意旨作麼生會。士無對。翁曰。太守尋常口吧吧地。到這裏爲什麼不説破。士懵然汗下。始慙服。翁曰。此事要得相應。直須大死一回始得。士退參數月有省。徑往入山。翁見其來卽曰。且喜太守打透漆桶。士下拜。薙髪自名謙信慕謙公之作也。〉

これをわかりやすく現代訳すれば、以下のようになります。

〈(上杉輝虎公は)永禄年、京の都にのぼり、将軍(足利)義輝様に拝謁《はいえつ》した。義輝将軍は輝虎公を北陸数州の管領職に任じた。

輝虎公は、禅への志が高く、しばしば諸山の知識をたずね、学び得たものが多いつもりで慢心するところがあった。たまたま林泉寺に宗謙禅師という人がいて、その機《き》鋒《ほう》が非常に鋭いと伝え聞いた輝虎公は、

「宗謙の機鋒がいかに鋭いといっても、何ほどのことがあろう」

と、忍び姿に身をやつして、他の参禅者にまぎれて林泉寺の道場へ向かった。

ちょうどそのとき、宗謙禅師は、達磨《だるま》大師が梁の武帝と会見した折の公案を在家の修行者たちに示していた。きびしく、おごそかな法戦の真っ最中、宗謙禅師は突然、輝虎公の方を振り向いて、こう言った。

「〝達磨不識《ふしき》〟の意味がわかるか」

しかし、輝虎公はなにも答えられない。宗謙禅師は、こう続けた。

「（輝虎公は）普段はよくお話をされるのに、今日はどうしてひと言も発せられないのか」

とっくに自分の正体を見破っていた宗謙禅師に、絶句するばかりであった。悄然《しょうぜん》と恥じ入り、ひれ伏して礼をし、心からの服従を表わした。宗謙禅師曰く、

「この事をわかろうとするならば、まず大死一番することじゃ。一度、徹底して死に切って来なされ」

輝虎公はただちに退いて、その後、数か月厳しい座禅の行を為し、ついに心の迷いを断ち切って、完全に悟りを開くに至った。

宗謙禅師のもとに向かった輝虎公に対して、未だ入室せざる輝虎公の顔を見て、禅師が看破して曰く、

「これは喜ばしい。（輝虎公は）妄想や煩悩を見事に打ち抜かれた」

輝虎公は深く感謝して、剃髪《ていはつ》して謙信と号した。宗謙禅師の一字を頂戴したのである。〉

謙信は、武帝と達磨大師との「不識」の公案を通じて「悟りを開いた」というわけ

です。たしかに、その後、剃髪して出家し、「不識庵謙信」と名乗ったのですから、その悟りが謙信にとっていかに大きなものだったのかがわかります。

「達磨不識」の公案とは

このことを理解するには、前提となるその達磨大師の「公案」を知らなければなりません。

公案とは、第三章にも出てきたように、禅宗の修行者が悟りを開くために与えられるものです。さらに詳しく言うなら、師匠が修行者に過去の禅師たちの言葉、あるいは会話を「問い」として与え、悟りに導くという「禅」独特の方法です。

修行者はその登場人物たちと同じ境涯に至らないと真意は理解できません。一般には「禅問答」などと言われており、全部で二千とも、あるいは、三千あるとも言われています。

ちなみに、この公案の「主役」である達磨は、インドの人で、禅の開祖とされています。インドの一地方の王子として生まれましたが、修行の道に入り、お釈迦《しゃか》さまの仏法を「二十八番目に継いだ」とされています。

中国が南北朝時代だった六世紀の前半、仏法を広めるために中国に赴いた達磨は、南朝の梁の国の武帝に招かれます。

武帝は仏法に心酔しており、仏の道を基本に据え、善政を敷いていました。武帝は、インドからやって来た高僧と是非会って仏法の話をしたいと思ったのです。

二人が会ったときのことが後々まで語られる公案となりました。これは、有名な「公案集」には必ず載っているものです。

二人の問答はこういうものでした。

〈武帝は、達磨大師に向かってこう問うた。

「私は、即位以来、多くの寺を作り、写経し、僧に対しては、たくさんの布施や供養をつづけてまいりました。どのような功徳がありますでしょうか」

すると、達磨はこう答えた。

「無功徳」

（※功徳なし）

武帝は、達磨大師に質問をした。

「では、仏法の真理とされる第一義とは何ですか」

達磨はこう答えた。

「廓然無聖《かくねんむしょう》」

（※雲ひとつなき、澄んだ秋の青空のごとく、すべてあるがままの姿をしており、特別これが尊いなどというものは何もない）

武帝が次に問うた。

「では、私に相対している人は、一体何者なのですか」

（※では、私の目の前にいるあなたは、誰なのですか）

達磨が答えた。

「不識」

（※知らぬ）

武帝は、達磨大師の答えの意味が全くわからなかった。大師は、その後、揚子江を渡り魏の国の嵩山にある「少林寺」において壁に向かい、（伝法の器の出現を待って）九年間座禅をした〉

「不識」の公案とは、たったこれだけです。

仏法に基づいて善政を敷いているという自負のある武帝が、達磨大師に対して、自分にどんな功徳があるか、と聞いたところ、達磨は「ない」と答え、ならば、仏法の真理とされる第一義とは？　との武帝の問いに、これまた達磨は、雲ひとつない澄んだ秋の青空のようなもので、あるがままの世界であり、仏法の真理に特別に尊いものなど何もない、と答えたというのです。

これは、自分が仏法に基づく善政をおこない、多くの功徳を積んでいると思い込んでいた武帝にとっては、衝撃だったでしょう。いや、はらわたが煮えくり返るような怒りに捉《とら》われたかもしれません。

武帝の最後の質問には、かなりトゲがあります。では、私の前にいるあなたは誰なのだ？　と問うたのです。

達磨は、これに対しても、「不識」、すなわち「知らん」と言い放ったわけです。さすがに武帝もむっとしたに違いありません。

達磨はその後、武帝のもとを去り、魏の国の嵩山にある「少林寺」において九年間も壁に向かって座禅をした、というのです。

執着を「切って捨てた」達磨大師

これは有名な公案ですから、現代でもさまざまな人がこの意味を語っています。

梁の武帝は仏教に深く帰依《きえ》した名君で、自分自身が善行を積み、民衆のための善良な主君であるという強い自負があった人です。寺院を建立し、僧侶も厚く遇していたため、「仏心天子」とも称され、経典の講義まで自らやってしまうような人でした。

武帝はきっと、インドから来た高僧の達磨大師も、自分のことを「賞賛してくれる」と思い込んでいたのでしょう。教えを乞うためではなく、ほめてもらうために会ったようなものです。しかし、達磨の答えは、武帝が期待したものとは、まったく異なるものでした。

この問答は、なにを意味するのでしょうか。

日本最大の在家禅「人間禅」で修行歴三十五年の特命布教師、慧日《えにち》庵笠倉玉渓《ぎょっけい》さんは、この意味を私にこう語ってくれました。

「武帝が自分にどんな功徳があるのかと尋ねたとき、達磨大師は功徳が足りないなどではなく、〝無功徳！〟、つまり、功徳などどこにもない、と言っていることに注目しなければなりません。これは、ちょっと見ると、功徳を願う気持ちでおこなったことは見返りを求める気持ちがあるので、そのような心に功徳はない、という意味で〝無功徳〟と答えたというような解釈になるのですが、そのような世間的、道徳的な話ではないのです」

笠倉さんは、そう前置きしてこう言います。

「功徳が、という主語よりも、この会話の中に潜む、あるのか、ないのか、と考えている武帝の迷える〝自我〟が丸出しになっていることが重要なのです。達磨は武帝の迷いの根源を見極め、その我のまさに中心に〝無〟の一字で鉄槌《てっつい》を下し、取り去ってやろうとしたのです」

いいか、悪いか、功徳があるか、ないか、そんなものに「我」が囚われているようでは、まだまだ「仏法が何たるか」が全くわかっていないということです。

「これは、単なる問答なのではなく、それを通じて達磨が武帝を救済する働きがあったのだと思います。功徳があるとか、ないとか言っているのは、自分の考えに執着をしている〝迷い〟ですからね。

人間の苦は、分別《ふんべつ》心から生まれます。好きか嫌いか、正しいか間違っているか、あるいは功徳があるかないか、こうした分別判断をした途端に、自分でその判断に縛られ囚われる、それが人間の迷いであり苦しみの原因なのです。

そこから解き放たれて自由になることを文字通り〝解脱《げだつ》〟というのであって、この場合で言えば、武帝が、どんな功徳が得られるかなどと考える囚われから自由になったとき、武帝は真の功徳を得ることになるのです。つまり、功徳とは〝無功徳〟の状態のときにあらわれますから、達磨はそこに導くために、この一語を吐いたのです。

ですからこれは、武帝を批判、否定するようなレベルの会話ではありません。達磨は、この機会をとらえて武帝の心を救済すべく真の功徳を得させるために禅の究極を惜しげもなくさらけ出して見せた、と解釈すべきです。禅の究極は慈悲ですが、達磨の慈悲心が溢れんばかりに感じられる一語ですね。しかし、残念ながら、武帝には達磨の言っている意味がまったくわからなかったわけです」

禅の世界は、凡人には理解が難しい。武帝も、達磨の答えに面食らったに違いありません。笠倉さんは、「人間の苦しみ」について、こう語ります。

「お釈迦さまは、人間は自分がつくり出した〝妄想の世界〟に閉じこもっているから苦しいのだ、と言っています。自分の好き嫌い、正しいか誤りか、損か得か……そういった自己中心の視点というのは、いわばきわめて個人的な心の中でのみ存在する妄想の世界なのです。それが、まさに自分で自分に鎖《くさり》をかけた〝迷い〟なんですね。

本当の心の最高地点というのは、そういう欲につながる自我の迷いが一片もないあけっぴろげの無の状態を言います。何もないので、どこにもありがたそうなところがない。だから〝廓然無聖〟なのです。武帝が功徳とはこういうものである、と考えた時点で、真理から言えばそれは功徳どころか〝執着〟に過ぎませんから、むしろ、苦しみの源《もと》になりかねないものなのです。そこで達磨は武帝の誤った物の見方に、きちんと〝答え〟を示しているのですが、武帝には、それがわからなかったんですね」

すると、武帝が「仏法において、一番大事なことは何か」と問い、達磨が「廓然無聖」と言った意味もなんとなくわかります。

「達磨大師は、〝澄んだ心の目を見開いてありのままの世界を見れば、そこに広がっているではないか。仏法には、聖もなく凡もなく、ありがたそうなものはひとつもないが、そのことに気づけばこれ以上ありがたいものはないとわかるだろう〟と答えているんです。

しかし、理解できない武帝はつづいて、では、自分に対面しているあなたは誰か、と問います。達磨は〝不識〟、知らない、と答えました。〝不識〟は禅の究極で、どうしても言葉にはできないものです。自分とは誰か、人がつけた名前などではなく、その存在は何者か、という究極の問いです。なんとかそれに答えたくて、私は○○です、と言った途端に自分から離れてしまうものです。達磨はまさにこの禅の究極を伝えにやってきたのだ、と言われています」

自身の価値観への執着を「切って捨てた」達磨大師と、その意味が最後までわからなかった武帝——上杉謙信は、宗謙禅師に、この意味を問われたのです。それは、謙信が四十一歳のときだったとされています。

悩みつづけていた謙信

二十七歳のときに出奔した謙信は、実は、その後も悩みつづけていたことが、このエピソードでわかります。自分の価値観に囚われていることを宗謙禅師には、「見抜かれていた」ということでもあるのでしょう。

笠倉さんは、こう言います。

「禅師からこの公案を与えられた謙信は、しばらくのち、達磨不識の問答の意味をようやく悟ったのだと思います。たとえ〝義〟という崇高な価値観であったとしても、所詮は自我から出た価値観です。それをずっと握りしめていた自分に気づいたわけです」

戦国大名は、自分の利益のために、あるいは、領地争いに勝つために、戦います。ところが、謙信は「義」を戦いの根本に据えていました。

「義」のために戦う。天下に晴れてなにひとつ恥じることのない、すばらしい武人ではありませんか。

しかし、それでも家臣は謙信に離反したのです。そのことを謙信は「なぜなんだ？」と悩んだに違いありません。「俺はこんなにいいことをやっているのに……なぜ家臣たちはわからないんだ？」と思ったかもしれません。

家臣たちが心を入れ替えるだろうと信じて、出奔から戻ったのちも、謙信の気持ちは、晴れなかったと思います。うわべはともかくとして、家臣たちが我が理想を真に理解しているようには感じられなかったからです。しかし、宗謙禅師によって、「達磨不識」の公案に出会った謙信は、大きく変わりました。

笠倉さんの解説によれば、こうなります。

「私は、謙信はここから変わったのだと思います。謙信は、義か不義か、あるいは、正しいのか正しくないのか、こうすべきか、ああすべきか、といった選択のレベルを乗り越えたのではないでしょうか。〝義は善いことだ〟、という価値観に自分が執着して、握りしめていたことに気づいたのです。自分自身があのときの〝武帝〟であったことがわかったのではないでしょうか。

どんなに立派な価値観も、自分の外にあって握りしめているものである限り、執着にほかなりません。公案を透過《とうか》することによって、こうあるべき、という執着を捨て去って、達磨大師が武帝に示した境地を自分もまた体感できたのではないでしょうか。これが真の自分探しであり、自己実現であり、人間の成長です。本当の自分は探すものではなく、なるものである。なった人でなければ人はついてこないと思います。

これ以降の謙信は、義か不義か、正しいのか正しくないのか、こうすべきか、ああすべきか、という選択のレベルを乗り越え、どこを切っても自身が〝義〟そのものの人になっていったのではないでしょうか。私心などどこにもない。これでは迷いようも、揺らぎようもありませんね。以前の謙信なら、義とは何かと聞かれたら、いくらでも説明したことでしょう。しかし、この後の謙信なら、〝義？　さて、知らぬ。やりたいようにやるべきことをただやっておるだけだ〟と答えたと思います。それが無功徳、廓然無聖、不識の人の姿だと思います」

「謙信」という名も、悩み抜いた自分を導いてくれた宗謙禅師の一字を取り、以後、兜には「無」という文字をつけ、自ら「不識庵謙信」と名乗っています。そして、故郷の春日山林泉寺の門には見事な字で「第一義」という額をかけています。

謙信にとって、いかにこの悟りが大きな意味を持っていたかがわかります。

「揺らぐことのないリーダーには、人は無条件でついてくると思います。だから、謙信も、ここから真の意味で〝軍神への道〟が開いていったのではないかと思いますね」

笠倉さんは、そう前置きして、こんなことを語ってくれました。

「リーダーのあるべき姿とは、自分の欲や保身、あるいはプライド、自己中心の心を越えていくところにあるのではないでしょうか。こうした精神は、会社の社長さんや指導者と言われる人だけに必要なのではないと思うんですね。人間というのは、たった一人で生きているということはありえません。いろいろなものとの関係性の中で生きています。

たとえばあなたが、朝、むしゃくしゃして不機嫌な気持ちで出勤し、いつも挨拶をかわす人に、たまたま挨拶をしなかったとしましょう。そうすると、その相手の人も朝から不愉快になってしまい、その後会った人にさらに影響を及ぼし、その人の仕事によからぬ影響が出てしまうということもあるかもしれません。つまり、ちっぽけな不機嫌から挨拶をしなかった一人の人間のために、まったく関係のない第三者に大きな影響を与えてしまうということもありえるわけです。しかし、当人には、そのことの源が、自分にあったことなどは、もしかしたら永遠にわからない。こうしてお互い知らず知らずの間に、まったく現実には関わらない多くの人たちからも膨大な影響を受けながら生きているのです。些細なことから、とてつもなく大きなものまで、一個の人間は互いに大きな影響を与え合っていることになります。

それを考えていくと、私たちは誰もが大きな責任を持っている、ということになります。自分の行動のみならず、頭の中で思ったことさえ、玉つきのように誰かに影響します。自分の行動や思いは常に最初の一打です。つまり、ひとりひとりがすべて〝リーダー〟だということです。この世の中で、リーダーでない人など一人もいないのです。目に見える形で責任を負っていない人でも、実は、そういう存在であるわけです。その意味で、リーダーシップの問題はすべての人々の問題だと思います。謙信の悩み、そして悟りと解放を多くの方に知って欲しいですね」

本書は禅の本ではありませんので、解説はこのあたりでとどめます。しかし、リーダーの気持ち、リーダーの本義を考えるという意味では、「上杉謙信」という存在は、本当に参考になると思います。

小さなことにくよくよし、あるいは、他人の評価ばかり気にして、却って自分自身を苦しめている私たち——「この世の中で、リーダーでない人など一人もいない」という笠倉さんの話に、はっとさせられる気がします。

第十二章

迷走するリーダーたち

三菱自動車のリーダーとは

リーダーの「本義」を貫いた先人について、さまざまな例を紹介させてもらいました。しかし、現実には、その「本義」とは対極にいるようなリーダーたちが引き起こす情けない不祥事が日本では繰り返されています。

本書の締切とほぼ同時期に勃発したのは、三菱自動車の燃費データ不正事件でした。これは、燃費を実際よりもいい数字に見せるために、タイヤと路面の摩擦などの走行抵抗のデータを改竄《かいざん》していた問題と、国が定めた測定法と異なる方法で走行抵抗データを計っていたという問題です。

これほど消費者をバカにした話はありません。しかも、国の法規と異なる独自の方法で計測を開始したのは、二十五年も前からというのですから、国土交通省も、完全にコケにされています。

ひと口に「捏造」と言いますが、悪質さという点で特筆すべき事件と言えます。しかし、三菱自動車という企業風土を考えるなら、これは意外でもなんでもありません。大袈裟に言うなら、それは三菱自動車にとっては、「普通」のことかもしれないのです。何度も繰り返して書いてきたように、人にも、組織にも、本義があります。しかし、そのことが理解できない人や企業も現実に存在しています。

そして、わからない人や組織に、そのことをいくら説いても、無駄なのです。つまり、三菱自動車という会社と、そのリーダーたちには、「本義」について、何を言っても仕方がないと思っています。

正直な話、今回の出来事が報道されたとき、私の口から出たのは、

「また、やったな」

それ以上でも以下でもありません。三菱自動車がそんな会社であることはとうにわかっていたからです。

運輸省（当時）に部品の不具合へのクレームを報告せず、内密に回収や修理をしていたというリコール隠しが二〇〇〇年に発覚した同社は、社長が引責辞任したにもかかわらず、その後も必要な対策を怠り、二〇〇四年には二度目のリコール隠し事件が起きました。この事件は、私も週刊新潮のデスク時代に取材しています。その際に抱いた感想を言わせてもらえば、

「企業は利益を挙げるためだけに存在している」

「バレなければ何をやってもいい」

三菱自動車とは、そんな考えが隅々まで蔓延した会社だ、ということでした。もとより、「本義」などとは縁もゆかりもありません。ただ救いは、そのリコール隠し事件が〝内部告発〟によって表沙汰になったことです。そこだけが救いであり、せめてもの社員の良心であったと思います。

二〇〇二年一月、リコールをしなければならない欠陥をヒタ隠し、その結果、トラックから脱落した前輪のタイヤが横浜市瀬谷区でベビーカーを押して歩道を歩いていた母子三人を直撃。子供二人は軽傷で済んだものの、二十九歳の母親が死亡する事件が発生しました。

トラックを所有していた運送会社の「整備不良」を一貫して主張していた三菱自動車でしたが、内部告発によって、車輪の中心部で車軸と外周とをつなぐハブという部分に欠陥があることを隠していたことが発覚。大規模なリコール隠し事件として刑事事件へと発展していったのです。

この事件がきっかけになって、組織内の内部告発者を守るための「公益通報者保護法」ができたり、事件をモデルに作家の池井戸潤氏による経済小説『空飛ぶタイヤ』が誕生し、これを原作としたＷＯＷＯＷによる同名のドラマなどが、大きな反響を呼びました。

横浜の母子死傷事件だけでなく、山口県下でも二〇〇二年十月に、構造的な欠陥を抱えていた同社のトラックのプロペラシャフトが破断してブレーキ系統を破壊、制御不能に陥って、トラック運転手が激突事故で死亡しています。

リコール隠しによって起こったこの二つの死亡事故で、社長以下、幹部八人が業務上過失致死傷で逮捕されて、有罪判決を受けました。

私は、この会社が「人の命など、なんとも考えていないこと」に本当に衝撃を受けました。自分たちのつくったものが原因で人が死のうが、そんなことは三菱自動車にはどうでもいいのです。

失われる命に対する洞察も、家族と別れなければならなかった者に対する憐憫《れんびん》も、企業が社会に果たさなければならない使命も、この会社には、まったく感じられませんでした。

自動車メーカーと、それを率いるリーダーの本義とは、あらためて言うまでもありません。

安全で、性能がよく、快適な車を、しかも、できるだけ廉価で消費者に提供することです。そして、なにより大切なのは、人々の命を「守ること」です。

しかし、三菱自動車は違います。

欠陥が判明し、自社の車が、お客さんの「命」を危機に晒していることがわかっても、なんの手も打たなかったのです。いや、それどころか、現実に死亡事故が起きたときでさえ、その使い手の側の整備不良が原因だと強弁し、さらに「命」が失われる悲劇を防ぐ手立てをとらなかったのです。

これは、もう、自動車メーカーとしてどうか、というようなレベルの話ではありません。自動車メーカーである前に、人間として失格です。マスコミ報道に始まって、小説やドラマに至るまで、事件は大きく取り上げられ、その過程で「どんなことがおこなわれたか」ということも、社会で、ある程度、認知されていきました。

私には、これほど「人の道」を外した会社が生き残れるとは思えませんでした。しかし、さすが三菱グループです。そんな会社であっても、グループの総力をあげてこれを支援し、だんだん立ち直ってきました。

しかし、やはり「本義」を持たないリーダーの下では、会社の「本義」など育ちようがなかったのです。

人の命すらなんとも思っていない会社が、「燃費データ」を捏造することなど、どうということはなかったでしょう。

「バレなければ何をやってもいい」

それが、三菱自動車なのです。今回の事件で同社は日産自動車の傘下に入ることとなりましたが、「自分たちがなんのために存在しているのか」という根本的な問いすらしたことのないリーダーに率いられた会社は本当に不幸です。

そして、そんな会社のために命まで落とした犠牲者のことを考えると、本当にやるせなくなります。

私は、三菱自動車に立ち直って欲しい、とか、心を入れかえて頑張って欲しいとか、そんなことはまったく思っていません。ただ、世の多くのリーダーたちに三菱自動車の例を他山の石として、この事件そのものを教訓にして欲しいのです。

東芝不正会計事件でわかったこと

「バレなければ何をやってもいい」

企業としての社会的な使命を見失い、そんな考えに覆われている会社は、実は少なくありません。

二〇一五年五月に発覚した東芝不正会計事件も、世間を呆れさせました。なんといっても世間の度肝を抜いたのは、その金額の大きさでしょう。

半導体、テレビ、パソコン、そしてインフラ関連工事……等々の東芝の主要事業で、利益の水増しを含む巨額の不正会計処理が明らかになりました。

判明しただけでも、二〇〇九年三月期以降のおよそ七年間で、水増しした利益（税引き前）が、実に二二四八億円にも達していたのです。つまり、株式会社で最も大切にされるべき株主を会社側が完全に騙し、ウソの業績をつくり上げていたのです。

二〇〇五年から二〇〇九年まで社長を務めた西田厚聰《あつとし》氏、それ以後、二〇一三年まで社長だった佐々木則夫氏、その後、二〇一五年まで社長だった田中久雄氏の三人は、いずれもこの不正会計問題を受け、二〇一五年七月、それぞれ相談役、副会長、社長を辞任しました。

同年十一月には、彼ら歴代三社長を含む旧経営陣五人は東京地裁に提訴され、金融庁が東芝に納付を命じた課徴金だけで七三億七三五〇万円にも達しました。

同社では「チャレンジ」と称された過大な「収益目標」と「損益改善要求」がなによりも優先されていたことが明らかになりました。業績を挙げることよりも、ノルマ達成の「数字」だけが要求され、上も下も、ひたすら実態の伴わない虚飾の会計が亡霊のごとく徘徊《はいかい》したのです。

歯車が狂い始めたのは、西田氏が社長だったときのことです。

リーマンショックが起きた二〇〇八年は、世界的に景気が落ち込み、東芝も売り上げが激減して三〇〇〇億円を超える最終赤字となりました。

世界的な不況によって、企業業績が落ち込むのはどこも同じです。東芝が違っていたのは、それを「数字的なごまかしで乗り切ろう」としたことだったでしょう。

東芝はパソコンや半導体、あるいは電力システムやビル管理に至るまで、「事業ごと」の独立採算制をとっています。

社長は、それぞれの事業、つまり「カンパニー」を統括するわけです。企業のかたちをとった東芝王国の王様が「社長」なのです。グループの企業数は、およそ六〇〇社にも達し、総人数は、約二十万人にものぼります。

月に一度、グループを形成するこれらの企業が「社長月例」と呼ばれる会議に集まります。これは、王様に各領主たちが謁見《えっけん》を賜り、領地の現状を報告するようなものです。

この報告に対して、果たして王様がどんな反応を示し、どんな指令を発するのか。領主は、戦々恐々だったに違いありません。

報道によって、ここでの西田社長という〝王様〟の発言が明らかになっていきました。

「利益を死守しろ」

それは、この王様の口癖だったそうです。そして、それぞれにその死守すべき利益の「具体的な金額」が挙げられていたそうです。

「利益を死守しろ」というのは、営業の奮起を促すために企業のリーダーが、よく口にする言葉です。やる気と闘志を呼び起こすために、この言葉を発することはなにも悪くありません。

しかし、社長というのは、「人事権」を握っています。その絶対的な力を持っている企業のリーダーが、どういう姿勢でその言葉を発するかで、企業の雰囲気も、性格も、働く者の意欲も、まったく変わってきます。

その意味で、西田氏という〝王様〟は、すさまじい力を持っていた社長だったのでしょう。各カンパニー、子会社の社長たちは、一斉に「利益を水増しする会計処理」へと走っていくのです。

具体的な不正の手口も次々に明らかにされました。

たとえば、パソコン部門では、こんな不正がおこなわれたそうです。

決算時期がやってくると、パソコンの製造を委託していた会社などに高値で部品を買ってもらうのです。これで、決算直前に利益を確保することができます。

決算が終わると、今度はその委託していた会社から完成品を買い戻します。実際には、利益が減っているのですが、これで決算上の数字だけはよくなります。そして、また決算時期がめぐって来れば、これを繰り返すのです。

東芝では、各部門にこの手の利益水増しの方法が存在していました。西田氏を継承した佐々木氏の時代、そのあとの田中氏の時代も、同じでした。こうして、およそ七年にわたって不正会計はつづき、わかっているだけで不正総額が一五〇〇億円を超えていくのです。

私は、日々、報道されていった東芝社内の実態に、「へえー」と溜息ばかりつかされました。

数字の呪縛にここまでとらわれて、東芝のリーダーたちは、人生を楽しいものだと思っていたのだろうか。それほど、数字が命なのだろうか。自分の子供にも、こんな仕事をさせたいと彼らは思うのだろうか。

私は、そんなことを考えながら、これらの報道に接していました。

私が特に印象的だったのは、NHKの『クローズアップ現代』が「問われる日本の企業風土」と題して、東芝の社員たちの声を丹念に拾い、放送（二〇一五年七月二九日放送）したものでした。

そこでは、二十人の東芝社員が「匿名」を条件に、率直な意見を述べていたのです。この不正会計事件の主役である西田氏ら三人のリーダーに対して、こんな発言が紹介されました。

「西田さんの頃から数字を細かく気にするようになった。社内の雰囲気は明らかに変わってしまいました」（子会社　元社長）

「佐々木さんからは厳しく叱責され、〃利益を出せ〃とか抽象的な指示を受け、とても嫌な思いをさせられました」（元執行役）

「田中さんは対外的に必要以上に高い目標を公表してしまう。下のものが〃そんな数字無理でしょ〃っていうくらいの」（元執行役）

「西田さんはあからさまに〃経理なんて言われたとおりに数字をつけておけばいいんだ〃と発言し、そうした考えがほかの幹部の間でも広がっていった。西田さん以来、社内で、経理の立場が弱まりましたね」（子会社　元社長）

「私としても〃こんなことでいいのだろうか〃と正直思いました。ただ、自分が何か発言すればどうなるというレベルの話ではありませんでした」（元取締役）

「財務部の社員が、〃社長はこの部分について攻めてくるぞ〃とか、〃ここはきちっと準備したほうがいいぞ〃といったアドバイスをしてくるようになりました。財務部の社員が、社長の分身みたいな存在になっていました。(いつの間にか)社長の意に沿う数字を作ることに一生懸命になってしまいました」(子会社　元社長)

本来、会計をチェックすべき部門も、社長の意を汲《く》んで現場に圧力をかけるようになり、さらに、せっかくつくられていた外部の目で不正を防ぐ「監査委員会」というシステムも、委員であった社外取締役にも正確な資料は与えられず、まったく機能しなくなっていたそうです。

例の〝王様〟への報告会でも、最後には、王様自ら、

「(決算までの)三日間で、一二〇億円の利益を出せ」

という命令まで出すようになっていたのだそうです。

一転して、もとの会社から告発される側になった三人のリーダーたちは、それでも、

「経営者が改善要求をおこなうのは当然。他社でも同じことがおこなわれている」

「チャレンジは合理的なもので、なんら悪いものではない」

そう言って開き直りました。法廷に出なければならない事態になっても、なお、不正経理に走らなければならなくなった異様な〝社内風土〟について「反省することもなかった」のです。

他社もやっている、というのは、自分たちが「特別ではない」ということです。つ

まり、虚偽の利益を掲げて、多くの人々に迷惑をかけることに何の痛痒《つうよう》も感じていなかったことが、思わず吐露されています。

一体、東芝のリーダーたちの本義とは何だったのでしょうか。

「その場しのぎ」という言葉がありますが、いっときの目くらましで、その場をしのげればよし、とするこの経営方針は、「株主」ばかりか、会社を構成する「社員」すら冒瀆《ぼうとく》していることになります。

本書で挙げてきた本義に忠実だったリーダーたちと、どこが違うのかをじっくり考えてもらえれば、と思います。

若くして死んでいったリーダーたち

「この人となら一緒に死ねる」

本文でも紹介したこんな言葉を部下から言われるリーダーは、世の中でもなかなかいないと思います。

しかし、そこまでではなくとも、せめて部下に「ついていきたい」とは思って欲しいと、多くのリーダーが考えていることでしょう。

もっとも、それもまた、大変難しいことです。

部下に慕われたい、などと甘っちょろいことを考えていたら、却って部下に舐められてしまいます。部下を甘やかせ、部下に迎合するような傾向に陥ってしまうからです。

そのときに「あなたは〝本義〟に忠実ですか」という根本的な問いを自分自身に発して欲しいと思います。

父親として、母親として、一家の大黒柱として、あるいは一家の主婦として、そして、職場のリーダーとして、あなたには「本義」があるはずです。

日頃から、その本義を突き詰めていたら、どんな修羅場が訪れようが、行動は自ずと決まってきます。

本書で私は本義に忠実だったリーダーたちと、そうではなかったリーダーを紹介させてもらいました。

吉田昌郎さんは、部下に大変厳しい人でした。

「バカ野郎！」

「はっきり言え！」

「〝だと思います〟じゃないんだよ！　曖昧なことを言うな！」

免震重要棟の緊急時対策室でのそんな吉田さんの怒鳴り声が東電のビデオ映像に数多く残っています。

身長が百八十四センチもあるド迫力の吉田さんに怒鳴りあげられたら、震えあがった部下も少なくなかったでしょう。

しかし、第一、二章で記述したように、部下たちは吉田さんに対して、「あの人となら一緒に死ねる」と言って、原子炉建屋への突入を繰り返しています。

部下たちにソフトに接していたからと言って、決して慕われたり、尊敬されたりするものではないのです。

また、プロ野球伝説の打撃コーチ、高畠導宏さんは、「覚悟にまさる決断なし」という言葉を遺しています。

かの上杉謙信は、リーダーとしてあるべき姿を「禅」に求めました。そこには、達磨が武帝に答えた「不識」と「廓然無聖」という言葉がありました。

いずれも「本義」を求め、「本義」に忠実だったリーダーたちです。

吉田さんは五十八歳、高畠さんは六十歳、上杉謙信は四十九歳で世を去っています。

彼らが、そんな若さで、なぜ自らの「本義」を見極めることができたのか。私は、そこに関心がありました。

現代とは、人も、企業も、そして国さえも、あらゆる組織が揺れ動いている時代だと思います。すなわちリーダーたちが、本来、自分の「あるべき姿」を突き詰めることができずにいるのです。自分の本義、リーダーとしての本義がわからないまま、その地位についている人がほとんどのような気がします。

さまざまな企業や組織が、不祥事に直面し、謝罪会見をおこなう事態は、もはや私たちにとって見慣れた光景と言えます。

三菱自動車や東芝のほかにも、ベネッセ個人情報流出事件、朝日新聞「吉田調書」誤報事件、旭化成の子会社による耐震偽装事件……等々、フラッシュの嵐の中、会見で頭を下げる企業のリーダーたちの姿を見るたびに私は思います。

自らの「本義」さえ、リーダーたちがわかっていたら、こんな謝罪会見を見ることはなかっただろうことを。

だからこそ、本書に登場するリーダーの生きざまが感動的であり、誇りある日本人の姿そのものであるように思えるのかもしれません。

「自ら反《かえり》みて縮《なお》くんば
千万人と雖《いえど》も吾往《ゆ》かん」

（「孟子」公孫丑《こうそんちゅう》篇より）

これは、自らの心を振り返ってみたときに自分が正しければ、たとえ敵が千万人であっても私は敢然と戦う。その気持ちをあらわした言葉です。

そんなリーダーだったら、おそらく部下たちも、「千万人と雖も吾往かん」という気持ちを共有できるのではないでしょうか。

リーダーとは、どうあるべきか。

私は、本書が悩める世の多くのリーダーたちの道標になることができれば本当に嬉しく思います。そして、リーダーたちには、これからさまざまな困難に立ち向かっていって欲しいと思います。

参考文献

『生命の實相』（谷口雅春・光明思想普及会）
『根本博遺稿　前・後篇』（根本博）
『松永留雄少将回想録』（厚生省引揚援護局）
『湯恩伯先生紀念集』（湯恩伯記念会）
『内蒙古からの脱出』（日本張家口の会）
『トルコ　世界一の親日国』（森永堯・明成社）
『上杉家御年譜　一　謙信公』（米沢温故会）
『歴代古案　第一』（羽下徳彦他校訂・続群書類従完成会）
『日本洞上聯燈録』（青松寺秀恕）
『大日本佛教全書　第七一巻　史伝部　十』（鈴木学術財団）
『禅門逸話集成　第一巻』（禅文化研究所）

著者紹介

門田隆将（かどた・りゅうしょう）

1958年高知県生まれ。ノンフィクション作家。中央大(法)卒。新潮社に入社。週刊新潮デスク、副部長などを経て独立。著書に『死の淵を見た男　吉田昌郎と福島第一原発の五〇〇日』(PHP 研究所)、『甲子園への遺言　伝説の打撃コーチ高畠導宏の生涯』(講談社文庫)、『なぜ君は絶望と闘えたのか　本村洋の3300日』(新潮社)、『狼の牙を折れ　史上最大の爆破テロに挑んだ警視庁公安部』(小学館)、『この命、義に捧ぐ　台湾を救った陸軍中将根本博の奇跡』(角川文庫　第19回山本七平賞受賞作)など。

リーダーの本義

2016年6月21日　第1版第1刷発行

著　者　門田隆将
発行者　村上広樹
発　行　日経BP社
発　売　日経BPマーケティング
〒108-8646　東京都港区白金1-17-3　NBF プラチナタワー
装　丁　岩瀬 聡
制作　アーティザンカンパニー株式会社
印刷・製本　中央精版印刷株式会社

ISBN978-4-8222-5157-4